_____ 님께 드립니다.

직장
그만두지 않고
작가되기

직장 그만두지 않고 작가되기

초판 1쇄 발행 2019년 11월 2일

지은이 최하나
발행인 송현옥
편집인 옥기종
펴낸곳 도서출판 더블:엔
출판등록 2011년 3월 16일 제2011-000014호

주소 서울시 강서구 마곡서1로 132, 301-901
전화 070_4306_9802
팩스 0505_137_7474
이메일 double_en@naver.com

ISBN 978-89-98294-68-7 (03320) 종이책
ISBN 978-89-98294-69-4 (05320) 전자책

※ 이 책은 저작권법에 따라 보호받는 저작물이므로 무단전재와 무단복제를 금지하며, 이 책 내용의
  전부 또는 일부를 이용하려면 반드시 저작권자와 더블:엔의 서면동의를 받아야 합니다.
※ 이 도서의 국립중앙도서관 출판시도서목록(CIP)은 서지정보유통지원시스템 홈페이지(http://seoji.
  nl.go.kr)와 국가자료공동목록시스템(http://www.nl.go.kr/kolisnet)에서 이용하실 수 있습니다.
  (CIP제어번호: CIP2019039295)
※ 잘못된 책은 바꾸어 드립니다.
※ 책값은 뒤표지에 있습니다.

직장
그만두지 않고
작가되기

하루 15분이면 충분합니다

최하나 지음

더블:엔

프롤로그

.

.

아직도 기자 겸 작가라며 사람들 앞에서 내 소개를 할 때마다
신기하기도 당황스럽기도 하다. 태어나 단 한 번도 꿈꿔본 적
이 없던 모습이었으니까.

나의 어릴 적 꿈은 케이팝댄스가수가 되는 것이었다. 요즘으
로 치면 제2의 트와이스나 방탄소년단을 꿈꾸는 지망생이라
고 볼 수 있겠다. 지금 그때를 떠올리면 창피하기 그지없지만
당시에는 나름 진지했다. 공연도 하고 대회도 나가고 오디션
도 보고 데모테이프를 찍기도 했다. 당시 소녀시대의 멤버 효
연이 다녔던 학원이라고 해서 유명해진 신촌의 모 댄스학원을
다니기도 했더랬다. 살구색의 트레이닝복을 입고 남자 수강
생들 사이에서 홍일점으로 팝핀수업을 듣다가 도저히 아닌 것

같아 방송댄스반으로 옮기기는 했지만 아무튼 알바를 해서 수강료를 벌고 인천에서 신촌까지 오갈 정도로 내 마음은 컸다. 하지만 몇 년을 노력해도 나의 부름은 대답을 얻지 못했다. 그제야 깨달았다.

'아, 나는 가수가 되기에는 재능이 부족하구나.'

그렇다고 재능이 아예 없지는 않았기에 너무 오랫동안 붙잡고 있을 수밖에 없던 나의 꿈. 유치하지만 제법 진지했던 나의 소중한 꿈이 사라진 뒤 일상으로 돌아와 학교를 다니고 졸업을 하고 난 뒤에는 취업을 해 직장인이 되었다.

그러던 어느 날, 갑자기 글이 쓰고 싶다는 생각이 들었다. 황당했다. 나의 인생은 그동안 춤과 노래로 점철되어 있었는데 이 무슨 말도 안 되는 소리인가 싶었다. 당연히 무시했다. 하지만 매일 출근하기 전 머리를 감을 때마다 글을 쓰고 싶다는 마음의 소리가 들려왔다.

'그래? 그게 뭔데? 한 번 해보지 뭐.'

도대체 왜 쓰고 싶은지는 모르겠지만 맛을 보기라도 해야 그런 생각이 다시는 들지 않을 것 같았다. 그러면서 머리를 굴리기 시작했다. 글을 썼지만 아무 일도 벌어지지 않는다고 가정했을 때 억울하지 않을 정도의 시간은 과연 어느 정도일까를 곰곰이 따져봤다.

한 시간은 너무 길고 30분이면 되겠다는 생각이 들었다. 일단은 15분 정도 맛보기로 시작하고 괜찮다 싶으면 바로 늘리기로 했다. 화장실에 오래 앉아 있어도 20분은 후딱 가는데, 하루에 양치질하는 시간과 씻는 시간을 다 합치면 30분은 족히 넘는데, 이 정도면 버리는 셈 쳐도 아깝지 않은 시간이라는 계산 끝에 확신이 들었고 그렇게 나는 퇴근 후 다시 출근하며 글을 쓰기 시작했다.

마음은 그랬지만 평생을 살아오면서 관련학과 전공자도 아니고 학보사 출신도 아닌 내가 가만히 앉아 무언가에 대해 길게 꾸준히 쓴다는 건 마법처럼 한 번에 딱 되는 일이 아니었다.

썼다가 멈췄다가 귀찮아서 덮었다가 피곤해서 미뤘다가를 반복하며 지난하게 이어나갔다. 그때 그만두지 않았던 건 아마도 내 목표가 소박해서였을 거다.

아무 일도 벌어지지 않아도 된다.
짧은 시간이면 된다.

그렇게 한 달이 지나자 습관이 들기 시작했다. 글을 쓰지 않는
날에도 글쓰기가 생각났다. 한 달이 석 달이 되고 일 년이 되
었다. 그때부터는 외롭지 않기 위해 함께 쓸 사람들을 찾아다
니고 그렇게 또 삼 년이라는 시간을 보냈다.
그리고, 지금 나는 프리랜서 기자 겸 작가가 되었다.

만약 지금 혹시 직장을 다니며 글을 쓰고 싶은 사람이 있다면,
만약 지금 혹시 퇴근 후 글쓰기를 시작한 사람이 있다면,
이렇게 말해주고 싶다.

직장 그만두지 않아도 좋다고,
쓰는 순간 우리는 작가가 된다고.

c.o.n.t.e.n.t.s.

Part 2
실전

머리말

．

．

글쓰기 강의를 시작한 지 벌써 4년이 지났다. 2015년 말 전직 후 지역과 장소를 불문하고 참 다양한 사람들을 만났다. 당일 치기로 창원에 있는 학교에서 진로강의를 하기도 했고 도서관 에서 10주 동안 책을 함께 만들기도 했으며 청년들과 함께 글 을 쓰기도 했다. 솔직히 체력적으로는 힘들었다. 하지만 강의 를 하고 돌아오는 길이면 피로는 어느새 달아나버리고 업이 되어 신랑마저 이상하게 생각할 정도가 되는 것이다.

"안 피곤해? 멀리 갔다 왔잖아."
"그러게… 이상하네……"

가끔은 진정성이 느껴지는 글을 받아들고 잠도 못 들고 그 이야기를 복기하듯 가만히 떠올리기도 했다. 그래서인지 특히 성인들과의 글쓰기 수업은 늘 기대가 되고 그 자리에 서면 없는 시간을 쪼개 와준 것이 고마워 어느덧 눈가가 촉촉해지고야 마는 것이다.

워낙 많은 곳을 다녔고 많은 사람을 만났으니 가장 기억에 남는 에피소드를 물어오는 경우도 있었다. 그럴 때면 자신이 쓴 글을 읽다가 울어버려 스스로 너무 난감해 하는 이들이 제일 먼저 생각난다.

"어쩌죠… 창피해서… 제가 그럴려고 그런 게 아닌데……"

하지만 생각 외로 그런 수강생들이 꽤 많았다. 이제는 휴지와 함께 그간 울었던 사람들이 많았노라고 자연스럽게 말을 건네는 지경에 이르렀다. 글이란 게 참 묘하다는 생각이 든다. 누가 쓰라고 한 것도 아닌데 돈이 되는 것도 아닌데 쓰게 되고 어느덧 진심을 다하게 된다는 게 말이다. 그런 모습을 보다 보면 나 역시도 그런 글을 써야겠다고 다짐하고야 마는 것이다.

나는 그들을 가르친다고 생각하지 않는다. 오히려 한 수 배운다는 생각을 한다. 물론 내 경험이 내 시행착오가 도움이 되기는 하겠지만 그보다 너무나도 놀라운 이야기들을 듣다 보면 인생여행이라도 다녀온 기분이 드는 것이다.

세상에는 아직 한 권의 책이 되지 못한 아직 알려지지 못한 귀한 이야기들이 많다. 그걸 어떻게 해서든 끄집어내 보여주게 하는 게 내 또 다른 역할이라고 생각한다. 아마, 그걸 그만두는 일은 없을 것이고.

Part 1

이론

글쓰기 강의 첫 날에는 항상 간단한 자기소개 시간을 갖는다.
돌이켜보면 나 역시도 그런 순서를 어색해했던 터라 이름과
사는 지역 정도만 밝히고 글을 쓰고 있는지 혹은 앞으로 어떤
글을 쓰고 싶은지에 대해서 들려달라고 부탁을 한다. 대부분
의 수강생분들이 수줍어하면서도 생각보다 자세히 성심성의
껏 자신이 어떤 사람인지를 들려주려 한다. 그런데 듣다가 항
상 똑같은 대목에서 나도 모르게 울컥하고야 마는 것이다.

"현재 회사를 다니고 있어요."

사실 어른이 되면 자연스럽게 직업을 갖게 되고 많은 이들이
직장인으로 살아간다. 하지만 그 짧은 한 문장에 얼마나 많은
피땀눈물이 담겨 있는지 알기에 그 말만 들어도 마음이 울렁
거리는 거다. 나 역시 그랬다. 탄탄대로와는 거리가 먼 삶을

살아왔다. 20대에는 어찌나 잘 안 되는 길만 골라 가는지 부모님의 걱정이 컸다.

부족한 딸인 동시에 못난 어른이라는 자책을 자주 했고, 그럴수록 일은 더 잘 풀리지 않았다. 그러던 어느 날, 갑자기, 출근 전 머리를 감는데 글이 쓰고 싶다는 생각이 들었다.

'말도 안 돼. 이건 또 무슨 변덕이람.'

관련학과를 졸업한 것도 아니고 학보사 출신도 아닌 내가 글과는 거리가 먼 삶을 살아온 내가 갑자기 이 무슨 뚱딴지같은 소리인가 싶어 무시해버렸다. 하지만 그 마음의 소리는 사그라지지 않았다.
매일 출근 전 머리를 감을 때면 글이 쓰고 싶다는 생각이 들었다. 그래서 '에이, 까짓것 한 번 해보지 뭐' 하며 글쓰기를 해보기로 마음을 먹었다.

하지만 생각보다 쉽지 않았다. 내가 가진 에너지의 대부분을 아니 그 이상을 직장에서 쏟고 온 뒤라 온몸이 녹초가 되어버리기 일쑤였으니까. 그게 아니더라도 나의 저질체력으로는 스마트폰을 만지작거리거나 멍하니 누워 TV를 보는 게 최선이었다.

도대체 어떻게 해야 할지 감이 잡히지 않던 그때 어디선가 아무리 성인이라도 최대로 집중할 수 있는 시간은 길지 않다는 이야기를 듣게 되었다.

"그래, 그럼 하루에 딱 30분만 해보자."

한 시간은 부담스러울 것 같고, 앉아서 계산을 해보니 30분 정도면 글쓰기를 하다가 아무런 일이 벌어지지 않는다 해도 아깝지도 그리 아쉬울 것 같지 않은 시간이라는 생각이 들었다. 매일 하기에는 간간이 있는 야근이나 회식으로 인해 지키기 어려운 약속이 될 것 같고 일주일에 딱 세 번만 하기로 했다. 처음 3일은 무사히 통과. 다행히 횟수로 정해놓으니 작심삼일이 되더라도 하루 쉬고 다시 작심삼일을 하면 일주일이 무사히 지나갔다.

그런 식으로 한 달 동안 나와의 약속을 지켰고 내게 보상을 해줬다. 직장 일만으로도 피곤하고 힘든데 뭔가를 열심히 한 나에게 아무도 포상을 해주지 않을 테니 나 자신이라도 수고했다고 칭찬해주고 싶었다. 그랬더니 그 다음 한 달도 그 다음 달도 글쓰기를 이어나가기가 어렵지 않았다. 열심히 했다는 걸 아무도 몰라도 나는 아니까, 하는 마음으로 토닥이며 습관을 들여 나갔고 그렇게 일 년이라는 시간 동안 무사히 멈추지 않고 글을 썼다. 그리고 어느새 나는 생각지 못한 세계에 슬그머니 발을 들이게 되었다.

하루
15분이면
충분하다

•

•

요즘은 글이 점점 짧아지는 추세다. 단행본 두께를 놓고 봐도 그렇고 한 편의 길이를 놓고 봐도 그렇다. 아무래도 스마트폰으로 기사를 읽고 글을 읽는 버릇이 영향을 미친 것 같다. 이걸 부정적으로 바라보는 시각도 있지만 긍정적인 면도 있다고 생각한다. 특히나 쓰는 사람에게는. 그것도 처음 글을 쓰려는 사람에게는 말이다.

어떤 일을 하든지 간에 처음에는 저항이 생길 수밖에 없다. 아직 습관이 되지 않았기 때문이다. 더군다나 그것이 내가 뭔가를 만들어내야 하는 창조적인 작업이라면 더 그렇다. 어쨌든 그 시간 동안은 붙들고 있을 수 있는 인내와 노력이 필요하니까. 글쓰기라고 다를까. 똑같다. 아무리 하고 싶은 마음이 굴뚝같아도 적응이 되고 그게 자연스럽게 몸에 배기까지는 시간이 걸린다. 나는 그래서 초심자에게는 하루 15분이면 충분하다고 말한다.

글쓰기 강의를 하다 보면 내게 하소연하는 수강생들이 꼭 하나둘 나온다.

"선생님, 저는 너무 게으른 것 같아요. 맨날 써야지 하면서도 자꾸 미루게 되고 피하게 돼요."
"그런 말씀 마세요. 그런데 글쓰기 계획을 어떻게 잡으셨는데요?"
"하루에 한 시간 정도요."
"절대 게으른 게 아닙니다. 무리한 계획이라서 그래요."
"네?"

아마도 이런 생각을 할 거다. 대학 때도 연강으로 세 시간짜리 수업을 들었고, 어딜 가나 성인대상 강의는 두 시간이 기본인데 한 시간이면 적당한 것 아니냐고. 하지만 앞서 말한 것처럼 듣기만 하는 수동적인 자세가 아닌 뭔가를 만들어내야 하는 능동적인 자세라면 한 시간도 길다. 그러니 처음 시작할 때는 15분 단위로 계획을 세우길 바란다. 그리고 내가 생각해도 '이거 하나 못 지키겠어?' 라는 생각이 들 정도의 가벼운 목표로 설정하기를 권장한다. 15분이 너무 적은 것 같다 싶으면 30분으로 정해도 되고 그것도 적다 싶으면 45분까지는 괜찮다. 일단 이렇게 세운 계획을 한 달 정도 실천해보고 성공적이다 싶을 때 점점 시간을 늘려나가면 어느새 글을 쓸 수 있는 시간이 늘어나게 될 거다.

또한 처음 계획을 세울 때는 요일로 잡지 않았으면 한다. 매일 한 시간씩 주 5일을 목표로 시작하는 분들이 계신데 사실 주중 업무 후의 내 시간은 정확히는 내 것이 아님을 생각해보면 무리한 계획이라는 걸 알 수 있다.

예를 들어 월요일부터 금요일까지 하루 30분 글쓰기를 하겠다고 마음을 먹었는데 갑작스런 회식이 잡히거나 철야를 해야 할 경우, 혹은 멀리서 지인이 찾아온 경우에는 어쩔 수 없이 계획이 틀어질 수밖에 없다. 이렇게 되면 약속을 지키지 못하고 그게 악순환으로 이어져 어느 순간에 '에이, 내가 무슨 글이야. 이봐, 안 되잖아' 하며 포기하게 될 가능성이 높다. 횟수로 목표를 잡는다면 월화수요일은 글을 쓰고 목요일 하루 쉰다고 해서 문제될 것이 없다. 이처럼 직장인의 글쓰기 습관 들이기는 달라야 한다. 어릴 때 늘 듣던 말과는 반대로 가야 한다. "꿈은 크게 꿔야지"가 아니라 "작게 시작해야지"가 맞다.

그렇게 나와의 약속을 지키면 보람도 생기고 그때부터는 몸에 저절로 배게 된다. 마치 양치질처럼 말이다. 해야 하는 건 알지만 하고 나면 개운하기는 하지만 막상 하기는 귀찮은. 하지만 어느샌가 자연스럽게 식후에는 칫솔질을 하게 되는 것처럼 말이다.

직장인의 글쓰기는 하루 15분이면 충분하다.
요일이 아닌 횟수로 목표를 잡자.
내가 생각해도 우스울 정도로 실현가능한 계획을 세우자.

직 장 그 만 두 지 않 고 작 가 되 기

직장을 다니며 글을 쓸 때는 억울한 마음이 컸다. 누가 시켜서 하는 것도 아니고 억지로 하는 것도 아닌데 왜 아무런 보상도 없는 이걸 하고 있나 싶어서다. 생각해보면 회사에서 일을 열심히 하면 승진하고 연봉도 올라가는데 글쓰기는 아무리 열심히 해도 나에게 보상을 주지 않는다. 딴짓을 즐겁게 하다 보면 오히려 본업의 능률도 오른다는데 내 경우에는 바닥인 에너지를 쪼개서 쓰다 보니 꼭 그렇지만도 않았다. 또한 습관을 들이기는 했는데 서있으면 앉고 싶고 앉으면 눕고 싶고 누우면 자고 싶은 인간의 특성상 조금씩 게을러지거나 나태해지는 모습이 보이기 시작했다. 회사에서라면 출퇴근 카드를 찍으니까 아무리 느슨해지더라도 시간을 엄수하게 되고 데드라인이 있다 보니 강제로라도 열심히 하게 되는데 글쓰기는 감시하는 이도 없고 끝이라는 게 보이지 않았다. 그때부터 나는 다시 머리를 열심히 굴리기 시작했다.

"그럼, 나한테 스스로 보상을 주고 채찍질을 해주자."

누가 들으면 참 이상하다고 생각하겠지만 나를 알아주는 이는
결국 나 자신밖에 없었다. 그때부터 한 달 동안 약속을 잘 지
키면 그동안 갖고 싶었지만 차마 내 돈으로 사기는 좀 그런 물
건이나 음식으로 셀프보상을 해줬다.

'이 정도 대접받을 자격은 충분해.'

내 지갑에서 돈을 꺼내 내게 선물을 사준 꼴인데도 기분이 좋았
다. 그게 바로 다음 달 글쓰기를 이어갈 원동력이 되어주었다.

하지만 여전히 부족했다. 감시자가 필요했다. 그래서 그때부
터 지인 찬스를 쓰기 시작했다.

"내가 글쓰기를 시작했는데 일 년 동안 좀 꾸준히 해보려고."
"올해 버킷리스트는 글쓰기야."

이런 말을 친한 친구들에게 하기 시작했고 SNS에 살짝 밝히기도 했다. 그랬더니 간만에 지인을 만나면 아직도 글을 쓰고 있냐며 안부를 물어오는 게 아닌가. 뱉은 말을 책임져야 한다는 생각이 퍼뜩 들었다.

그리고 나만의 데드라인을 정하기 위해 공모전을 살펴보기 시작했다. 입상을 하기 위해서라기보다는 어쨌든 모두가 참여하는 대회라면 반드시 마감일이 있을 것이고 누구의 사정도 봐주지 않을 것이기 때문에 강제성이 생길 것 같았다. 그렇게 나는 캘린더에 공모전 마감날짜를 하나씩 적어나가기 시작했다. 비록 대부분은 붙지 못했지만 아주 간혹 좋은 소식이 들려올 때가 있었다.

동상으로 입상을 한다든지 하는 굿뉴스가 말이다. 그런 경험
을 통해 글을 쓰면 좋은 일이 생긴다는 인식이 생겼고 그때부
터는 누가 그만두라고 해도 절대 멈추지 않을 정도로 중독이
되어갔다.

동기부여와
강제성

·

·

아무리 취미라고 해도 아무런 보상이 없다면 오래 하기 힘들다. 글쓰기라고 다를까. 처음에는 내가 하고 싶은 이야기를 실컷 한다는 생각에 즐거울지 모르겠지만, 결과물을 내야 하는 작업이므로 점점 부담이 커질 수밖에 없다. 기쁨이 따라오지만 그보다는 인내가 먼저다. 그럴 때 글쓰기에 부스터를 달아줄 두 가지가 필요하다. 바로 당근과 채찍이다. 글을 쓰면 좋은 일이 생긴다는 차원에서 보상이 있어야 한다. 또한 글쓰기가 소홀해지지 않게 감시자도 필요하다.

우선 글쓰기를 통해 보상을 줄 사람은 나밖에 없다는 걸 명심하자. 학생이라면 열심히 한다고 부모님이 선물을 사주시거나 칭찬을 해주시겠지만 어른인 우리에게는 직장인으로서 본업이 아닌 일을 열심히 한다고 칭찬을 해줄 사람은 없다. 그러니 내가 나에게 스스로 선물과 격려를 해주는 수밖에. 이게 무슨 효과가 있을까 싶기도 하겠지만 실제로 덕을 톡톡히 봤다. 열심히 한 달 동안 글을 쓴 내게 꽃다발을 선물하기도 하고 평소에 점 찍어놓았던 값이 나가는 굿즈를 상으로 주기도 했다.

보상만으로 그쳐서는 안 된다. 채찍에 해당되는 강제성도 필요하다. 인터넷에 검색해보면 발견할 수 있는 그 유명한 오리짤이 하나 있는데 이렇게 대사가 쓰여 있다.

"인간의 욕심은 끝이 없고 늘 같은 실수를 반복하지."

어른이라고 해서 뭐든지 척척해낼 것 같고 게을러지지 않는다는 건 편견이다. 편한 것을 추구할 수밖에 없는 인간의 속성을 생각해보면 정신을 바짝 차리게 해줄 수 있는 뭔가가 필요하다. 회사 출퇴근 시 찍는 '카드'가 근태의 강제성을 부여해준다면 글쓰기의 경우에는 '소문'이 이에 해당된다.

누구에게나 글이 잘 써지다가 훅하고 꺾이는 순간이 온다. 한번 쉬면 그 여파가 이어져 계속 쉬게 된다. 그럴 때 글쓰기를 한다는 걸 SNS를 통해서 밝히거나 공유하면 좋다. 아마 그 포스팅을 확인한 지인이라면 만날 때 한 번쯤 이렇게 물어볼 것이다.

"요즘도 글 잘 쓰고 있어?"

아니라고 대답할 수도 없고 뱉은 말을 주워 담을 수도 없으니 그 약속을 지킬 수밖에 없게 된다. 이걸로 다가 아니다.

일에 시작과 끝이 있는 것처럼 혼자 하는 글쓰기에도 마감이라는 게 있어야 한다. 그래서 가능하다면 작은 공모전부터 하나씩 도전해보라고 추천해주고 싶다. 어떤 대회든지 간에 마감일이라는 게 있다. 개인의 그 어떤 사정도 봐주지 않는다. 그러므로 마감이 다가올수록 글에 속도가 붙고 느슨해질 무렵 팽팽하게 조여주는 역할을 한다. 그런데 이때의 공모전은 자격조건에 제약이 있거나 규모가 작을수록 좋다. 어릴 때는 꿈은 크게 가지라고 배웠지만 글쓰기의 꿈은 작을수록 좋다. 현실적으로 가능한 목표를 하나씩 달성하면서 성취를 할 때 불이 붙는다. 작은 독자사연 코너나 수기공모전도 좋다. 이를 통해 글쓰기에 강제성을 부여하고 만약 좋은 결과까지 생긴다면 그야말로 일석이조다. 그때부터는 쓰지 말라고 해도 쓰게 된다.

나 역시도 온갖 공모전에 다 도전해봤다. 안타깝게도 시행착오를 겪을 수밖에 없었다. 상금 1억 원을 내거는 아주 큰 대회에 작품을 내밀어봤지만 미끄러지기 일쑤였다. 다행히 그 다음부터 지역의 문예지나 작은 수기공모전을 통해 글쓰기의 성취를 맛봤고 그 후에는 조금씩 목표를 높여 잡아나갔다.

직장인의 글쓰기에는 동기부여와 강제성이 필요하다.

열심히 했다면 스스로 상을 주자.

느슨해질 수 있으니 소문을 내자.

성취 가능한 작은 목표들에 도전해보라.

직 장 그 만 두 지 않 고 작 가 되 기

나에게는 흑역사가 있다. 강의를 갈 때도 자세히 밝히지 않는 과거가 있는데 가끔 그 시절을 떠올리며 혼자 큭큭거리며 웃기도 한다. 그때는 정말 무슨 용기로 그랬는지 모르겠다. 이렇게만 말하면 '도대체 무슨 짓을 했기에'하며 궁금해할 수도 있으니 바로 본론으로 들어가겠다.

지금이야 기사와 에세이만 쓰지만 나의 첫 시작은 시나리오 습작이었다. 이건 본격적으로 글을 한번 써보자, 하는 마음에서 시작한 게 아니라 영화를 너무 좋아해서 알고 싶은 마음에 시작하게 된 거였다. 두 달 과정인 이 코스를 통해서 단편 시나리오 한 작품을 완성하는 게 목표였는데 수업을 듣고 습작도 하면서 재미를 느꼈다. 하지만 장르적 제약이 컸다. 열심히 쓰고 난 뒤에 발표할 방법이 없는 것이었다. 대부분은 연출가 지망생이나 현직 영화스태프들이 이 수업을 듣고 실제로 작품을 찍을 요량으로 수강을 하는데 나는 그렇지 않았던 거다. 그렇게 몇 편을 끼적이다가 끝이 났다. 이때 내가 쓴 작품은 수강생들끼리의 합평 시간에 공개된 게 전부다. 몇 년이 지난 뒤 우연히 꺼내본 적이 있는데 도무지 끝까지 읽을 자신이 없었다. 하지만 소득은 있었다. 그때 지도를 해주시던 선생님이 자신은 요즘에는 시나리오를 쓰지 않고 소설을 쓴다고 하셨는데 그 후 몇 년이 지나 본격적으로 글쓰기를 시작할 때 그 말이 생각나 덩달아 따라하게 된 거다.

처음에는 단편을 쓰고 곧바로 중편을 한 작품 썼다. 그리고는 장편을 향해 무식하게 달려가기 시작했다. 그런데 완성을 하고 보니 또 보여줄 곳이 없었다. 처음에는 여기저기 투고를 하다가 가능성이 전혀 없다고 생각해 웹소설 사이트에 올리기 시작했다. 로맨스소설은 아니었지만 지정할 만한 카테고리도 따로 없고 이용자들이 제일 많이 보는 게 로맨스라 남자와 여자가 나온다는 이유로 그곳에 연재분을 쌓아나갔다. 반응은 크지 않았지만 조회수가 있다는 것이 신기했고, 무엇보다 한 작품을 품고 있다가 세상에 보여준다는 게 보람찼다.

곧바로 다음 작품을 준비했고 전작에 비해 호응이 제법 있었다. 독자분들이 선호작품으로 등록도 많이 해주시고 댓글도 달아주시면서 용기와 희망을 불어넣어 주셨다. 불가피하게 연재요일을 지키지 못할 때를 제외하고는 가급적 약속을 지키려 했고 어쨌든 마무리를 지었다.

세 번째 작품은 나 스스로 물이 올랐다고 크게 착각할 때 시작하게 되었다. 고작 세 편째지만 자신이 있었다. 이번에도 로맨스도 판타지도 무협도 아닌 성장소설이었지만 소재로 축구가 등장하기에 사이트를 옮겨 스포츠 카테고리로 지정하고 연재를 했다. 아울러 내가 에세이를 올리던 플랫폼에도 중복으로 올리기 시작했다.

반응은 뜨뜻미지근했다. 사실 내 마음이 급격하게 식어버려 어느 순간 휴재를 하게 되었다. 소설을 아무리 써도 소용이 없을 것 같았다. 한 편을 탈고하는데 6개월 정도의 시간이 걸리는데 이러다가는 세상에 내 이야기를 들려주기도 전에 사람들과 글로 소통하기 전에 기다림에 지칠 것만 같았다. 당시에 소설을 쓰며 기사도 쓰고 에세이도 막 쓰기 시작했던 터라 조금 더 반응이 있었던 기사 쓰기와 에세이 쓰기에 집중하기로 했다. 그리고 그 후 어쩌다보니 기자로 전업을 하고 에세이 단행본을 두 권 낸 작가가 되었다. 어떻게 보면 2년이라는 시간 동안 내게 잘 맞는 장르를 찾는 시행착오를 겪어온 것인데 당시에는 그 사실을 몰랐던 거다.

나에게 맞는
장르 찾기

사람들은 글이면 다 같은 줄 안다. 실은 내가 그랬다. 하지만 그렇지 않다. 노래만 봐도 재즈, 락, 알앤비 등 다양한 장르가 있고 가창력이 있다 할지라도 모든 종류의 장르를 다 잘 소화할 수 있는 건 아니다. 누군가는 특정 음악에 특화되어 있기도 하다. 춤도 그렇다. 현대무용, 한국무용, 발레, 스트릿 댄스 등 다양하게 나뉘어져 있고 그걸 모두 잘하는 올라운드 댄서가 있는가 하면 하나만 잘 소화하는 댄서도 있다. 글도 똑같다.

만약 내가 다른 장르를 거쳐 기사 쓰기와 에세이 쓰기에 정착한 게 아니라면 그 차이를 잘 몰랐을지도 모른다. 하지만 나는 직장인에게 금쪽같은 시간인 그것도 2년이라는 세월을 허비하고 나서야 잘 맞는 장르를 찾았다. 물론 그 과정에서 얻은 깨달음도 있지만 만약 그 기간을 버티지 못하고 글쓰기를 그만두었을지도 모르는 일이니 지금 생각해보면 정신이 아득해진다. 무엇보다 세상에는 재미있는 것들이 많고 직장인의 시간은 한정적이니까 말이다.

그러니 무조건 쓰는 것도 좋지만 쓰기 전에 내게 잘 맞는 장르가 무엇인지 생각해볼 필요가 있다. 다음은 내가 경험한 대로 느낀 대로 분류를 해놓은 것이다.

: 소설 :

글을 쓴다고 했을 때 제일 먼저 떠올리는 건 아마 소설일 것이다. 그만큼 매력적인 장르다. 새로운 캐릭터와 이야기를 만들어내는 글쓰기로 분량에 따라 크게 단편과 장편으로 나눈다. 일단 장편에 초점을 두어서 이야기를 해보자면 우선 분량이 꽤 많다. 최소 원고지 1000매 이상이 요구된다. 사람마다 집필 속도가 다르기 때문에 평균치를 내기는 힘들지만 내 기준으로 봤을 때는 최소 3개월에서 최대 6개월 정도가 걸리며 보통 1년 안에 완성을 하는 편이다. (어떤 작가들은 일주일 만에 다 썼다고 하는 경우도 있는데 직장인에게는 매우 어려운 일이다)

가장 큰 장점이라면 썼을 때의 보람이 가장 크다. 마치 내 새

끼를 세상에 내놓은 것 같다. 그 누구보다 내 이야기는 내가 가장 잘 쓸 수 있다. 또한 2차 판권을 계약할 가능성이 많은 장르이기도 하다. 우리가 아는 유명한 드라마나 영화의 원작 중에 소설이 참 많은 것만 봐도 알 수 있다. 하지만 반대로 호흡이 길어 발표가 되기까지 시간이 걸리고 주변의 즉각적인 피드백을 받기가 어렵다. 알려지기까지 꽤 오랜 세월이 필요하기도 하며 작품을 발표할 플랫폼의 제약이나 자격조건의 제한이 따르기도 한다. 물론 소설 안에서도 다양한 스펙트럼이 존재하지만 아직까지는 신춘문예나 공모전에 응모를 해 등단을 해야 작품을 안정적으로 출간할 수 있기도 하다.

: 에세이 :

내가 처음 글을 쓸 때만 해도 에세이는 유명작가가 평상시 자신의 일상을 지면을 통해 연재를 하다가 모아 단행본으로 내는 경우가 많았다. 하지만 요즘은 많이 바뀌었다. 에세이는 내가 경험한 사적인 이야기를 주로 다루다 보니 전업작가가 아닌 경우에도 독립출판을 통해서 비교적 쉽게 선보일 수 있다.

게다가 형식의 큰 제약이 없이 자유롭게 쓸 수 있으며 단행본이 되려면 적어도 A4용지 50매 이상의 분량을 써내야 하지만 꼭지글로 이뤄지기 때문에 실질적으로는 같은 주제 아래 한 편씩 쓰고 이를 모은 것이라고 볼 수 있다. 개인차가 있겠으나 주 3일 쓴다고 가정한다면 한 달이면 12편을 쓸 수 있고 두 달이면 24편이 된다. 이 정도면 얇은 단행본으로 손색이 없다. 그러니 호흡이 짧은 편이라고 볼 수 있겠다.

공식적인 플랫폼이 아닌 SNS를 통해서도 공개가 가능해 독자들과 호흡하기도 쉽고 피드백을 받기도 어렵지 않다. 단점이라고 한다면 소설에 비하면 2차 판권이 계약될 가능성은 높지 않다는 것이다.

: 기사 :

기사는 객관적인 시각에서 정보를 전달하는 글이라고 볼 수 있겠다. 갖춰야 할 형식이 있어 초반에는 배워야 할 것들이 많다. 또한 취재를 위해 현장에 가야 할 경우가 많아 때로는 본업과 병행하기에 어려울 수가 있다. 특히 인터뷰의 경우에는 보통 인터뷰이가 주중에 시간을 내려고 하는 편이고 인터뷰어라면 가급적 스케줄을 맞춰줘야 해서 전업이 아니면 힘들 수 있다. 대신에 바로 송고를 할 수 있고 피드백을 가장 빨리 많이 받을 수 있는 장르이기도 하다. 또한 한 편의 길이가 대략 A4 1.5매 정도여도 되기 때문에 호흡이 짧다. 하지만 다른 장르에 비해 내 자식 같은 느낌은 덜할 수 있다. (단, 탐사보도의 경우에는 취재에 오랜 시간이 걸릴 뿐만 아니라 분량도 많아 일반적인 케이스와는 조금 다르다)

: 시나리오 :

일단 갖춰야 할 형식이 매우 분명하다. 일반적인 글쓰기와는 달라 처음에는 배워야 할 시간이 꽤 요구된다. 시나리오 습작 기초반의 경우에는 2개월 과정이지만 본격적인 과정은 6개월이며 그 이상 수련을 하기도 한다. 내가 원하는 이야기를 만들어낸다는 것은 소설과 비슷하나 영상화를 염두에 두고 써야 한다는 게 차이점이다. 또한 탈고 후 쉽게 선보일 수 있는 소설과는 다르게 영상화되지 않으면 발표하기 어렵다. 다만 타

장르에 비해 드라마나 영화화될 가능성이 가장 높다.

그 외에도 시, 동화 등의 분야가 있으나 가급적 직접적으로 경험했거나 오래 써본 장르를 대상으로 정리했다.

나에게 맞는 장르를 찾는 건 무척 중요하다. 실은 내가 쓰고 싶은 게 내 성향과 맞지 않을 수 있기 때문이다. 글을 쓰고 싶지만 긴 호흡을 유지하기 어렵다면 소설보다는 에세이나 기사가 어울리고 내 마음대로 이야기를 만들고 싶고 큰 보람을 느끼고 싶다면 소설이 어울릴 것이다. 또한 내 글이 영상화되고 널리 알려지는 걸 원한다면 상대적으로 가능성이 높은 시나리오가 맞을 거다.

어느 특정 장르가 좋다기보다는 내가 글을 통해서 이루고자 하는 게 무엇인지 고민해보는 시간이 필요하다. 내가 어떤 사람인지에 따라 잘 어울리는 장르가 있을 것이다. 무작정 쓰기 전에 특성을 감안해 고민해보고 만약 그래도 감이 오지 않는다 싶으면 관련 강좌 수강을 추천한다. 짧으면 한 달 길어야 두세 달이니 그 기간에 이미 그 장르를 오랫동안 써본 작가들의 경험과 노하우를 들으면서 참고해도 좋을 것이다. 아니면 관련 서적을 통해 좀 더 체계적인 지식을 얻을 수도 있다. 만약 시간적 제약이 크게 없다면 일단 써봐도 상관은 없을 것이다. 다만, 해보다가 반응이 없더라도 내가 글에 재능이 없는 탓이라고 포기하지 말고 장르를 바꿔서 도전해보기를 바란다.

쓰기 전에 장르의 특성을 알아보자.
나에게 맞는 장르는 따로 있다.
안 맞는다 싶으면 다른 장르로 바꿔 도전해보자.

직 장   그 만 두 지   않 고   작 가 되 기

가만 보면 나는 단체생활과 잘 어울리지 않는 사람이었다. 대학생 때 가장 싫어했던 건 팀플이었고 졸업을 한 후에도 남들과 얼굴 붉힐 수도 있는 감투는 가급적 피하려 했다. 하지만 글쓰기를 하면서 반대가 되었다. 한 1년쯤 지났을까? 갑자기 쓰기가 싫어졌다. 정확히는 벽에 대고 혼잣말하는 것 같은 기분이 들었고 외롭고 쓸쓸하다는 생각이 들었다.

'축구를 해도 11명이서 같이 뛰는데 글쓰기는 왜 혼자 해야 하지?'

그때쯤이었다. 우연히 축구를 직관하러 경기장에 갔다가 '명예기자'를 뽑는다는 이야기를 얼핏 들었고 인터넷으로 확인해보니 정말이었다.

"명예기자는 정확하게 어떤 포지션이야?"

"기자가 아닌 일반인이 직업을 경험해볼 수 있는 자리라고 생각하면 돼요."

"그럼 인터뷰도 하고 취재도 하고 그런 건가?"

"프로기자들처럼 프레스카드도 발급받고 선수들과 인터뷰도 하고 기사도 쓰고 그래요."

그런데 문제는 내가 기사를 제대로 배워본 적도 써본 적도 없다는 거였다. 초등학생 때 각 학년별 같은 번호끼리 한 조가 되어 만든 어설픈 신문이 전부였다. 망설여졌다. 하지만 기자를 무려 열 명 이상 뽑는다는 사실에 구미가 당겼다. 만약 명예기자로 활동할 수 있다면 혼자서 글을 쓰는 게 아니라 같이 경기도 보고 끝나고 뒤풀이도 하고 놀러도 가고… 아무튼 외롭지 않을 것 같았다. 무엇보다 글에 대한 이야기를 나눌 상대가 생길 수도 있다는 게 딱!이었다. 그렇게 나는 지원을 했다. 다행히 명예기자로 뽑혀 1년간 그라운드를 누빌 기회가 생겼다. 정말 신기하게도 활동을 하는 동안 경기 전날만 되면 심장이 두근대서 잠을 설치곤 했다. 마치 소풍 전날 잠을 설치는 아이 마냥 말이다. 당일 날에는 혼이라도 나간 듯이 구석구석을 누비고 그 큰 경기장을 돌고 또 돌았다. 기사를 하나 송고하고 나서 그 다음 날에는 뻗어 숨만 쉬었다. 그렇게 나는 딱 1년만 할 줄 알았던 명예기자 활동을 재지원하고 연장하며 3년간 이어갔다. 그때 내 머릿속에 드는 생각은 딱 하나였다.

'세상에 이렇게 재미있는 직업이 있다니!'

이런 직업을 모르고 살았다는 게, 그런 상태로 나이만 먹었다는 게, 아쉬울 뿐이었다. 지금에야 초등학교 때부터 진로교육이 활발히 이루어지지만 내가 학생이던 시절에는 그런 기회가 거의 없었다. 가끔 대학에 진학한 선배가 학과이야기를 들려주거나 후배들 격려차 들러 한마디 하는 게 다였다. 아무튼 후회해봐야 너무 늦은 일. 게다가 당시에 명예기자 활동에 재미가 붙어 축구가 아닌 다른 주제를 가지고도 기사를 쓰고 싶어 시민기자로 동시에 활동할 만큼 푹 빠져 있었다.

이런 시기를 통해 나는 혼자 쓰기의 슬럼프를 이겨낼 수 있었다. 동료가 생기고 글에 대해 진지하게 이야기를 나눌 기회가 있으니 쓰는 게 더 이상 외롭지 않았다.

혼자 쓰지 않고
함께 쓰기

•

•

유명한 말이 있다.

"멀리 가려면 함께 가라."

글쓰기를 하며 가장 크게 진리라고 느꼈던 표현이기도 하
다. 혼자서 쓰다 보면 어느 순간 재미가 슬슬 사라지고 외롭
다는 생각이 들기 시작한다. 당연한 거다. 직장인의 그 어떤
취미도 혼자서 하는 건 거의 없다. 서평을 배워도 같이 수업
을 듣는 수강생이 있고 가르쳐주는 선생님도 있다. 춤도 그
렇다. 소셜댄스를 추면 많게는 기수별로 30명이 넘는 사람
들과 함께 수업을 듣고 춤도 춘다. 드로잉도 그렇다. 많은
사람들이 모여 함께 그림을 그리고 전시회를 열기도 한다.
그런데 유독 글쓰기만큼은 혼자 하는 경우가 많다. 아무리
조회수가 올라가고 댓글이 달려도 직접 만날 일이 없고 내
글에 대해 함께 고민하고 조언을 구할 동료가 없다는 게 피
부로 와 닿는 순간 슬럼프가 찾아온다.

그럴 때는 함께 쓰는 것이 필요하다. 말만 놓고 보면 어폐가 있다. 정확히는 글을 쓰는 나와 같은 사람이 모여 있는 곳에 가는 것이 필요하다는 말이다. 일단 벽을 보고 혼잣말하는 것 같은 기분에서 벗어날 수 있다. 무엇보다 직장인의 글쓰기는 취미 혹은 부업의 연장선상에 있으므로 재미를 떼어놓고는 생각하기 힘들다. 각자 어떤 글을 쓰는지, 어떤 글을 쓰고 싶은지, 지금 쓰고 있는 글에 대한 고민은 무엇인지를 나누다 보면 외롭다는 생각이 서서히 사라진다. 또한 글쓰기를 빙자해 기분전환을 하는 시간도 가질 수 있다. 박물관에서 일을 하는 큐레이터에 대한 글을 쓴다고 했을 때는 함께 자료조사차 전시를 보러 갈 수도 있고 만약 글에 생기를 불어넣고 싶어 교외로 나가고 싶다면 함께 나들이를 갈 수도 있다. 그러다 보면 조금 더 오래 글쓰기를 할 수 있는 원동력이 된다. 글을 쓰다 보니 이렇게 좋은 곳도 갈 수 있구나, 혹은 이렇게 좋은 사람들도 만날 수 있구나, 또한 이렇게 좋은 이야기를 나눌 기회를 가질 수 있구나, 하는 생각이 들면 그때 다시 한 번 글쓰기에 날개가 달린다.

또 이렇게 쓰는 사람이 모이는 곳에 가다 보면 어느 순간 내게 도움을 주는 지인이 생기게 된다. 나는 인맥이라는 말을 싫어하지만 사회에서 어떤 특정한 관심사를 통해 자주 만나다 보면 의도하지 않아도 비슷한 뜻을 가진 사람을 주변에 둘 수 있고 그들의 활동을 지켜보며 내가 조금 더 발전할 수 있는 자극제가 되기도 하며 함께 새로운 걸 시도할 수 있는 기회를 만들 수 있게 되기도 한다. 아마 독립출판을 꿈꾸는 사람들이 모인 곳에 가서 함께 글쓰기를 하면 어느 순간 그 사람들은 출간작가가 되어 나를 이끌어줄 것이다. 만약 명예기자를 하게 되면 어느 순간 나와 함께 취재를 하던 사람들은 기자가 되어 나에게 기회를 줄 수가 있다. 만약 작가단이나 서평단을 하게 된다면 출판 쪽 관계자들과 이야기를 할 수 있는 창구가 마련될 수가 있다. 어쨌든 같은 목적을 가진 사람들 속에 있다 보면 내가 일부러 찾거나 부탁하지 않아도 자연스럽게 기회가 많이 생긴다.

사실 내가 그랬다. 명예기자로 3년, 시민기자로 4년을 활동했고 그 사이사이 서평단과 작가단 등을 경험했다. 그러면서 다양한 글쓰기를 해봄과 동시에 글을 매개로 다양한 사람들을 만나게 되었다. 특히 오랫동안 함께 움직이며 글을 써온 명예기자 활동을 통해 만난 동생들은 현재 프로기자로 일을 하는 이가 대다수다. 지금도 뭔가 어려움이 있거나 도움이 필요할 때 혹은 함께 해보고 싶은 일이 있을 때 연락을 주고받는다. 만약 내가 계속 혼자서만 썼다면 벌어질 수 없는 일일 거다. 아마 중간에 재미가 없어서 그만뒀을지도 모른다.

기자단이나 작가단 혹은 서평단으로 활동하는 게 부담스럽다면 글쓰기모임이나 독서모임도 추천한다. 뭔가를 크게 배운다는 목적이 아니더라도 일단 관심사가 같은 사람들을 만날 수 있다. 나 역시도 내가 강의를 통해 굉장한 스킬을 전달한다거나 절대적인 비법을 알려줄 수 있다고 생각하지는 않는다. 그저 멍석을 깔아주고 서로의 글을 나눌 수 있게 도와주며 내가 조금 먼저 경험한 일들을 들려주는 가이드 역할을 한다고 생각한다. 가장 보람을 느낄 때는 수업을 통해 글을 꾸준히 쓴다는 소식을 들을 때 그리고 수강생들끼리 뭉쳐서 꾸준히 만난다는 소식을 들을 때다.

멀리 가려면 혼자 쓰지 말고 함께 쓰자.

: 관련 모임이나 단체 :

펜벗 : 반디앤루니스에서 운영하는 서평단으로 책을 읽고 서평을 쓰는 것만 아니라 큐레이션에도 참가할 수 있으며 비교적 혜택이 많고 잘 관리가 되는 편이다. 특히나 모집 때마다 경쟁률이 꽤 높을 정도로 책을 좀 읽는다 하는 사람들 사이에서는 유명하다.

스포츠 명예기자단 : 스포츠에 관심이 있는 사람들이나 구단 혹은 언론사 쪽에서 일을 하고 싶은 지망생들에게는 꼭 거쳐가야 할 하나의 코스로 자리 잡았다. 협회 쪽 명예기자의 경우 원고료를 받으며 글을 쓸 수 있으며 큰 대회를 취재할 수 있는 기회도 많다. 구단에서 뽑는 명예기자의 경우 지역을 기반으로 활동하다 보니 연고지가 같은 팀에 지원하는 게 유리하다.

시민기자단 : 대표적으로 '오마이뉴스'에서 운영하는 시민기자제도가 가장 잘 알려져 있다. 누구나 가입 후 기사를 쓸 수 있지만 그 글을 편집부에서 채택하느냐는 별개의 문제로, 정식 발행된 기사에 대해서만 원고료를 지급한다. 내가 쓴 글에 대한 피드백도 받을 수 있고 데스크와 함께 특정 행사나 대회에 대한 기획기사를 준비할 수도 있다.

블로그 기자단 혹은 서포터즈 : 생활글을 많이 써본 사람이라면 누구나 지원해볼 만한 제도이며 기수제로 운영된다. 정기적으로 오프라인 모임이 있는 곳도 있으나 주로 온라인에서만 모이는 경우가 많다. 구나 시 단위 행정기관에서 많이 모집을 하는 편이다.

책에 관심이 많고 활동에 대한 부담이 큰 편이라면 서평단을,
활동적이며 여럿이 모여 함께 쓰기에 부담이 없다면 명예기자단을,
다양한 주제로 글을 써보고 피드백을 받아보고 싶다면 시민기자단을,
말랑말랑한 글을 써보고 싶고 지역을 기반으로 활동하고 싶다면
블로그 기자단이나 블로그 서포터즈단을 추천한다.

직 장   그 만 두 지   않 고   작 가 되 기

직장에 다니는 건 내게 녹록치 않은 경험이었지만 재미는 있었다. 특히 칭찬을 받았을 때와 따박따박 월급이 들어올 때 그랬다. 그 중에서도 내가 뭔가 용역을 제공하면 그게 돈으로 환산된다는 점이 학생 때는 느끼지 못했던 기쁨이자 깨달음이었다. 그래서일까? 글을 쓰기 시작하면서 어느 정도 불이 붙으면서 조금이라도 수입이 생겼으면 하는 바람이 생겼다. 큰돈은 아니어도 괜찮았다. 어차피 취미나 부업 정도로만 여겼으니까. 무엇보다 내가 들이는 품을 객관적으로 인정받을 수 있는 척도는 바로 금액이라고 생각했다. 그래서 글을 쓴 지 한 2년쯤 지났을 무렵부터 내 글을 돈으로 조금씩 바꿔보기 시작했다. 그러려면 투고를 하거나 연재를 했을 때 원고료를 지급하는 매체에 문을 두드려야 했다. 그때 아버지가 구독하시던 잡지가 떠올랐다. 매달 특정 주제로 독자들의 원고를 모집하는데 소정의 원고료를 지급한다는 문구가 눈에 띈 것이다.

'과연 될까?'

다행히 몇 번을 시도한 끝에 내 글이 실린 잡지와 함께 통장으로 들어온 원고료를 받아볼 수 있었다. 그건 참 묘한 경험이었다. 지금이야 사람들이 스마트폰으로 글을 읽는 시대이기도 하고 나 역시도 그렇게 글을 쓰고 보여주고 있지만 내 이름 석 자와 글이 인쇄가 된 걸 받아드니 기분이 이상했다. 그때 아마 직감했던 것 같다. 이제는 누가 쿡쿡 찔러도 쓰기를 그만두지 않을 것임을. 그 후에는 더욱 더 눈에 불을 켜고 원고료를 지급하는 매체를 알아보기 시작했다.

글로
벌수입
얻기

·

·

많은 사람들이 글쓰기가 습관이 되고, 하고 싶었던 이야기를 세상에 들려주는 것만으로도 만족해하는 모습을 봤다. 하지만 단기간이 아니라 평생 꾸준히 이어나가고 싶다면 그 단계에서 머무는 걸로는 부족하다. 그 이유는 단순하다. 인간의 욕심은 끝이 없으니까. 또한 더더군다나 직장인의 경우에는 내가 쏟은 노력이 돈이 되는 과정을 경험해봤기에 글에서도 그 재미를 찾고 싶어 할 가능성이 높다. 또한, 이걸 제 2의 직업이나 부업으로 삼고 싶다면 결국 어느 정도는 수익이 창출되어야 한다. 이건 당연한 수순이기도 하다.

어느 정도 연습을 통해 글에 내공이 쌓였다는 생각이 든다면 이제 부수입을 얻을 수 있는 방법을 찾아봐도 괜찮다. 이를 통해 객관적으로 실력을 평가받고 가늠할 수 있기도 하다. 가장 일반적인 방법은 기고를 하는 것이다. 잡지나 신문에는 독자 투고나 시민투고란이 있다. 매주 혹은 매달 특정 주제를 주고 이에 맞는 원고를 써서 보내면 되는데 뽑히면 지면에 글과 이름이 실리고 소정의 원고료를 받을 수 있다. 때로는 상황에 따라 상품을 주는 곳이 있기도 하다. 대표적으로 잡지 〈샘터〉와 〈좋은생각〉을 들 수 있겠다. 워낙 많이 읽히기도 하고 어디서든 찾아볼 수 있는 대중적인 잡지이기도 하다.

또한 지역에서 펴내는 정기간행물에 도전해봐도 괜찮다. 이때는 그 지역에 사는 주민이나 시민만이 응모할 가능성이 높아 상대적으로 경쟁률이 낮다. 또 연말이면 문집을 내는 단체들이 있다. 일반인의 원고를 받아 싣는데 이때도 소정의 원고료를 지급한다. 나 역시도 직장을 다니며 연말에 발간하는 지역 문집에 글을 투고하여 뽑힌 적이 있다.

꼭 오프라인 매체만 고집할 필요는 없다. 온라인 매체 중에서도 원고료를 지급하는 곳이 몇 있다. 그 중에서 '오마이뉴스'는 가장 유명한 곳이기도 하다. 정치적인 색채를 떠나 가입만 하면 누구나 기사를 쓸 수 있고 어디에 글이 배치되느냐에 따라 등급을 매겨 원고료를 차등 지급한다. (단, 특정 금액 이상이 모여야만 현금으로 인출가능하다) 또한, 특정 주제를 제시하고 더 큰 액수의 공모전 성격으로 기사를 모집하기도 한다. 이때는 선정이유가 함께 공지되므로 큰 동기부여가 되기도 한다. 시민 오피니언이나 객원 칼럼니스트의 자격으로 정기적으로 글을 쓸 수 있는 장을 마련해주는 매체들도 있다. 이때 역시 원고료가 지급되는 게 일반적이다.

'리드미' 라는 사이트도 있다. 커리어와 관련되는 주제의 글을 주로 발행하는데 배움이나 삶에 대한 내용도 자유롭게 유료연재가 가능하다. 전직이나 이직 혹은 직장생활이나 취업준비 등의 주제도, 취미활동이나 여행후기와 같이 일상과 관련된 주제로도 역시 연재를 할 수 있다. 다만, 원고료를 현금으로 지급하는 게 아니라 가맹점에서 사용할 수 있는 포인트의 형태로 주는데 생각보다 쓸 수 있는 곳이 많다. 나 역시도 짧은 글을 서너 편 올리고 커피 값을 벌기도 했다.

이외에도 여러 방법들이 있는데 요즘 들어 대안으로 새롭게 떠오르고 있는 '자율후원제도'를 추천해주고 싶다. 실은 온라인 매체를 통해 많은 사람들이 콘텐츠를 소비하기는 하지만 유료로 결제를 하는 경우는 일부에 지나지 않는다. 그럼에도 불구하고 내 글을 선보이기에 가장 편리하면서도 매력적인 플랫폼이라 사용을 안 할 수도 없으니 차라리 이걸 영리하게 이용해보는 거다. 한 번은 내가 자주 연재하는 사이트인 '브런치'에 들어갔더니 어떤 작가분의 글 말미에 자율적으로 원고료를 지불해달라는 코멘트가 달려있었다. 어떠한 장치에 의해서가 아니라 특정 매체에 힘을 빌리는 게 아니라 내 글을 읽고 마음이 움직였다면 정당한 콘텐츠의 가치를 지불해달라는 것이었다. 실제로 이런 방식으로 유료 연재처를 스스로 만들고 유료 구독자를 모은 케이스가 있다. 바로 이슬아 작가다. 편당 오백 원으로 계산해 한 달에 만 원을 내면 월요일부터 금요일까지 이메일을 통해 글을 받아볼 수 있다. 도대체 누가 결제까지 해서 볼까 싶지만 실제로 이 방법을 통해 작가는 학자금 대출을 갚고 지속적인 수입을 만들어내며 작품 활동을 이어나갈 수 있었다고 한다.

또한 내가 쓴 글을 모아 책을 내서 독자들에게 어느 정도의 호응을 받을 수 있을지를 가늠하고 이를 금액으로 확인할 수 있는 '텀블벅'이라는 사이트도 있다. 엄밀히 말해 한 편의 글만으로는 런칭하기 힘들지만 써놓은 글들을 모아 자비로 선을 보이기 전에 애초에 이 작품에 관심을 가져주는 사람들에게 후원금을 받아 완성을 하는 거다. 단, 펀딩 목표금액 달성 실패 시에는 아예 후원을 받을 수가 없으니 철저히 준비해서 진행하는 걸 추천하고 싶다.

그 밖에 계약을 하고 진행할 수 있는 '카카오페이지' '퍼블리'와 같은 플랫폼도 있다.

잡지나 신문의 독자투고나 시민투고를 이용하자.
원고료를 지급하는 온라인 매체를 활용해보자.
자율후원과 같은 독특한 방식도 시도해볼 만하다.

직 장 그 만 두 지 않 고 작 가 되 기

나는 성질이 급했다. 짧디 짧은 글 하나를 써놓고도 이게 어떻게 읽혀질지가 궁금해 완벽하게 퇴고를 끝마치기도 전에 송고 버튼을 눌렀다. 저장하기 대신에 발행을 하는 나의 이런 습관은 사실 좋지 못하다고도 할 수 있겠다. 하지만 즉각적인 반응을 원하고 빠르게 피드백을 주고 받기를 원하는 나와 같은 사람들에게는 굳이 묵혀 놓았다가 글을 선보이라고 하고 싶지는 않다.

어떤 날에는 이 모든 글을 한 편 한 편 엮어서 구슬을 꿰어 목걸이를 만들 듯 하나의 작품으로 선을 보이고 싶기도 하다. 짧게 금방 읽어서는 나의 생각을 다 보여주기도 이해시키기도 어려운 경우에 그렇다. 그럴 때는 야금야금 써놓고 뜸을 좀 들였다가 단행본 분량으로 들이민다. 그리고 답을 기다린다.

어렵게 줄줄 써놓기는 했지만 이게 바로 내가 글을 쓰

고 독자들과 호흡하는 두 가지 방식이다. 연재를 통해 즉시 선을 보이거나 출간을 통해 만나거나. 둘 중 어느 게 낫다고는 못하겠다. 하지만 나는 분명 두 가지를 모두 경험하고 큰 차이를 느꼈다. 실제로 글의 성격에 따라 연재가 어울리기도 하고 출판이 어울리기도 한다.

나의 첫 단행본인 《결혼, 300만 원이면 충분해요》의 경우 온라인으로 연재를 하며 노출도 많이 되었고 실시간으로 봐주시는 분들이 많아 어딜 갈 때마다 "글 잘 보고 있어요"라는 말을 자주 들었다. 하지만 이걸 한 권의 책으로 엮어냈을 때는 연재 때와는 반응이 조금 달랐다. 그 다음에 낸 단행본 《반려견과 산책하는 소소한 행복 일기》는 정반대였다. 연재를 할 때는 그다지 큰 반향이 없었다. 노출이 되기는 했지만 댓글 수도 미미했다. 내용 자체도 제목처럼 소소하기 그지없었다. 하지만 출간이 되고 나서 느낀 반응의 온도차는 실로 어마 무시했다. 거꾸로 글을 잘 봤다는 사람보다는 책을 잘 읽었다는 사람이 많았고 실제로 한 편만으로는 내용이 뚝 끊기고 모두를 읽어야 연결이 되는 내용이기에 연재보다는 출판의 형태가 더 잘 어울렸다는 생각이 든다.

앞으로는 어떻게 할 거냐고? 당연히 둘 다 할 거다. 일차적으로 연재가 잘 어울릴 것 같으면 빠르게 올리고 소통할 거다. 그게 아니면 인내심을 가지고 완성이 될 때까지 묵혀두었다가 한 권의 책으로 찾아갈 거다. 물론 그때는 출판사의 선택을 받아야 하겠지만 말이다.

지금도 그렇게 하고 있다. '언젠간 혼자 일하게 된다' 라는 제목으로, 프리랜서의 일상을 브런치에 연재하고 있다. 열한 꼭지를 썼고 실시간으로 업로드하며 반응을 보고 있다. 프리랜서로 일을 하고 있는 지인들이 공감되는 내용이 많다고 댓글도 달아주고 공유도 해주고 있어 다행이다. 앞으로 적어도 스무 꼭지까지는 연재를 이어나갈 생각이며 단행본 출간을 염두에 두고 있다.

'월간동구'는 아무에게 보여주지 않는다는 전제로 매달 단편소설 하나를 써내는 프로젝트다. 완성되고 반 년 치나 일 년 치를 묶어 독립출판을 해보거나 투고를 해볼 생각이다. 소설을 쓰지 않은 지가 꽤 되었다. 그간 나만의 이야기를 만드는 것에 목이 말라 있던 차에 시도하게 되었고 순수하게 재미로 취미로 작품을 쓰고 있다. 현재까지 두 편을 완성했으며 시간이 없더라도 나만의 약속을 지키기 위해 꾸준히 써보려 한다.

연재하기와
출판하기

요즘 들어 내 글을 보여주는 방법은 크게 두 가지인 듯하다. 하나는 온라인 플랫폼을 통해 실시간으로 연재를 하는 것이고 다른 하나는 글을 모아 출판하는 것이다. 물론 때에 따라 연재분을 묶어 출간을 하기도 하는데 이때는 분량을 조금 더 추가하고 더 많은 시간을 들여 퇴고와 편집의 과정을 거친다.

먼저 연재하기는 자유롭다. 형식의 제약도 별로 없고 분량의 제한도 크지 않다. (단, 웹소설의 경우 편 당 최소 글자 수가 정해져 있는 경우가 많다) 또한 유료 연재가 아닐 경우에는 내가 올리고 싶은 날에 업로드를 해도 되고 사정이 있을 경우에는 요일을 변경할 수도 있고 휴재를 할 수도 있다. 인쇄가 되어 나오는 것이 아니기에 수정하고 싶은 부분이 있다면 언제든지 고칠 수도 있다. (하지만 일단 업로드가 된 후에 바로 읽는 독자가 있기에 최소한 본문을 읽었을 때 불편함이 없을 정도의 완성도는 갖춰야 한다) 연재하기에 가장 어울리는 경우는 쓴 글에 대한 반응을 곧바로 확인하고 빠른 피드백을 받고 싶을 때다. 이를 통해 몇 분 혹은 몇 시간이 지나지 않아 독자들과 소통을 할 수 있다. 또한 이 모든 것들을 바탕으로 수정을 가하거나 거꾸로 비공개 처리도 가능하다. 그래서 연재하기는 영상물인 '드라마'와 비슷한 부분이 있다. 다 찍은 다음에 공개를 하는 것이 아니라 사전 촬영분을 올리면서 시청자의 반응을 살피고 이를 반영하여 남은 회차의 방향이나 캐릭터의 분량을 조절한다. 무엇보다 바로 찍고 바로 보여주기 때문에 즉각적인 반응을 경험할 수 있다는 게 둘의 공통점이라고 할 수 있겠다.

하지만 모두에게 연재하기가 어울리는 것은 아니다. 한 편 한 편 쓸 때마다 공개를 해야 하니 심적 부담을 갖는 이들도 많다. 또한 글 모두가 모여야 제대로 된 메시지를 전달할 수 있을 때는 실시간 연재는 효과적인 방법

이 아닐 수 있다. 무엇보다 독자들의 반응에 일희일비
하게 될 수 있어 나머지 분량을 집필하는데 악영향을
미치기도 한다. 그럴 때는 출판하기를 선택하는 쪽이
더 낫다고 생각한다. 분량을 어느 정도 확보하고 난 뒤
출판사와 컨택을 하고 완성 후 독자들에게 완전한 모양
으로 새로 선을 보이는 거다. 이때의 장점이라면 집필
을 하는 충분한 시간을 가질 수 있고 완벽하게 다듬어
완성도를 높이는 게 가능하다는 것이다. 하지만 단점이
라면 그때까지는 내 글에 대한 피드백을 공개적으로 받
기 어렵고 출간이 늦어질 경우 굉장히 오랜 시간을 기
다리게 될 수도 있다.

그래서 괜찮다면 두 가지 방법을 혼용해서 사용하는 것
을 권장해주고 싶다. 연재로 반응을 참고하고 이를 통
해 스스로 글을 끝내게끔 강제성을 부여할 수 있다. 또
한 그 후 이 글들을 묶어 출간을 할 수 있으니 그때는 한
권의 단행본을 통해 나의 메시지를 완벽하게 전달할 수
있게 된다.

나 역시도 온라인 플랫폼인 '브런치'에 연재를 한 후 어느 정도 분량이 확보되면 출판사와 컨택을 해 출간을 하는 방식을 이용했다. 이때 연재는 최소 3개월에서 1년 정도를 진행했고 출간계약을 한 후에는 기존 연재분에 5~6꼭지 정도를 추가하였으며 정보섹션을 넣고 그림 작업을 하기도 했다. 이렇게 해서 연재부터 출간까지 걸린 시간은 최소 1년에서 2년 정도였다. 현재는 SNS 플랫폼을 이용해 짧은 에세이나 리뷰 등을 연재하고 있고 이게 어느 정도 모이면 살을 붙이고 다듬어서 출판을 진행할 계획을 가지고 있다.

Q : 실시간으로 연재를 할 경우 완성도에 대한 부담이 크지 않나요?

나의 경우에는 보여주지 못한다는 점이 좀 더 괴롭게 느껴지는 듯하다. 또한 올리기 전 최대한 퇴고를 하고 거의 완벽에 가까운 글을 올리려고 하지만 오히려 그 때문에 글쓰기가 부담스러워지거나 마감이 지체된다 싶으면 일단 업로드를 하고 좀 더 수정을 하는 편이다. 이건 개인의 성향에 따른 문제라고 생각한다.

Q : 출간이 미루어지거나 무산되는 경우도 있다고 들었어요. 그런 경우에는 어떻게 해야 하나요?

여태껏 낸 저서들은 출간이 미뤄지는 경우도 무산이 된 경우도 없었다. 하지만 출판사의 사정이나 시장동향에 따라 때로는 미뤄지거나 심한 경우에는 취소가 되는 경우도 있다고 들었다. 그럴.때는 기다리거나 아니면 출간이 아예 어렵다 싶으면 상호합의를 통해 다른 곳을 컨택할 수도 있다.

Q : 연재를 할 때는 어떤 플랫폼을 선택해야 하나요?

장르에 따라 온라인 연재 플랫폼은 큰 차이가 있다. 하지만 일반적으로는 처음 연재를 한다면 유료보다는 무료를, 또한 자격제한이 있는 곳보다는 없는 곳을 선택하라고 권하고 싶다. 어느 정도 자리가 잡힌 이후에는 크게 상관은 없다. 나는 이를 거꾸로 하기도 한다. 작가 등록을 해야 하는 '브런치'에 연재를 하다가 요새는 '인스타그램'을 통해 연재를 한다. 즉각적인 반응 여부나 글의 성격 또는 길이에 따라 그리 하는 것인데 긴 호흡과 명확한 콘셉트가 있는 글이라면 블로그 형태가 맞을 것 같고 짧은 호흡과 정해지지 않은 콘셉트라면 SNS를 통해 부담 없이 연재를 해보는 것도 좋을 것 같다.

바로 보여주고 소통하고 싶다면 연재를 해보자.
일정 분량을 비축해 놓았다가 선보이고 싶다면 출간이 좋겠다.
이 두 방식을 혼용하여 연재를 하며 반응을 본 뒤
단행본 분량으로 출판하는 방법도 있다.

직 장 그 만 두 지 않 고 작 가 되 기

첫 책을 탈고하고 나서 그랬다.

"나, 책 다시는 안 쓸 거야."

이미 온라인 연재를 통해 어느 정도 분량이 확보된 상태였지만 단행본으로 묶어내기에는 모자랐다. 특히 당시에는 휴대폰 앱으로 바로 글을 쓰고 업로드를 했기에 길이가 무척 짧았다. 그래서 정보섹션을 강화하고 나눠놓았던 꼭지글을 하나로 묶고 상당수의 원고를 추가해야 했다. 그 뿐만이 아니었다. 사진을 다 찍어놓고 보니 인쇄를 하기에는 해상도가 떨어졌다. 그때는 몰랐던 거다. 프린팅을 하려면 최소 300dpi가 되어야 한다는 걸. 대다수의 사진은 다시 찍을 수 없는 상태였고 결국 일부 재촬영을 하는 촌극을 벌였다. 하지만 큰 산이 아직 남아 있었다. 바로 퇴고였다.

분명히 연재를 할 때 두 번 이상 오타 여부를 확인했는데 다시 볼 때마다 바퀴벌레마냥 끊임없이 오탈자가 튀어나왔다. 그때마다 수정을 하고 다시 확인해야 했는데 여전히 발견하지 못한 또는 수정하는 과정에서 생긴 오탈자가 또 있는 거다. 정말 머리가 몽땅 빠지는 심정으로 고치고 또 고쳤다. 내 원고를 처음부터 끝까지 수백 번은 검토하고 또 검토했다. 그런 끝에 출판사에 넘길 수 있었고 다행히 출간이 된 후에는 큰 문제는 없었다.

그로부터 2년 뒤, 다시 한 번 책을 내게 되었다. 이번에는 경험이 있으니 무척 수월할 거라고 생각했다. 하지만 오산이었다. 인간은 똑같은 실수를 반복하게 되어 있었던 거다. 그나마 사진의 경우에는 재촬영까지 해야 했던 경험이 있어 같은 실수를 반복하지는 않았지만 연재를 할 당시 카메라를 한 번 교체

한 탓에 전반부와 후반부의 완성도가 많이 차이가 났다. 고민을 한 끝에 아예 본문에는 싣지 않는 것으로 했다.

오탈자는 혼자 힘으로는 역부족이라는 생각이 들어 지인들을 모아 아예 '오타원정대'를 결성했다. 하루 날을 잡아 집에 초대를 해 다과를 대접하고 교정을 함께 보기로 한 것인데 덕을 톡톡히 봤다. 실은 그냥 오탈자를 검수한다는 핑계로 오랜만에 얼굴도 보고 수다나 떨려고 했으나 참석자들의 열의가 보통이 아니었다. 커피가 식어가는 데도 불구하고 고개 한 번 들지 않고 자신이 맡은 챕터의 오탈자를 기어코 찾아내주었다. 이때의 교훈으로 다음 번 단행본 작업에는 조금 더 판을 크게 벌리기로 마음먹었다. 이 책의 경우에는 처음으로 그림이 삽입되는 탓에 스캔을 하느라 진을 뺐다. 애초에 진한 펜으로 드로잉을 한 게 아니라 누런 종이에 대충 그린 터라 제일 진하게 설정을 해도 흐릿하게 스캔이 되었다. 결국 일부는 다시 드로잉을 하고 넘겼다.

이를 통해 뭔가를 시도할 때마다 새로운 시행착오를 경험하게 되다는 걸 깨닫고 다음번에는 조금 더 너그러운 마음가짐으로 임하기로 했다.

출판하는
방법

출판을 하는 방식에는 크게 두 가지가 있다.

- **기획출판**
- **자비출판**

여기서 자비출판은 다시 두 가지로 나눈다.

- **독립출판**
- **POD출판**

먼저 기획출판에 대해 이야기를 해보면 가장 크게 우리가 단행본 작업으로 인식하는 형태다. 출판사와 계약을 맺고 인세를 받는 구조로 작가는 원고만 쓰면 된다. 본문 및 표지디자인과 인쇄의 과정은 모두 출판사가 맡는다. 책을 내는 과정에서 드는 비용은 전액 출판사가 부담하고 원고 작성에 들어가는 비용은 저자가 부담한다. 계약금 조로 선인세를 받는 경우도 있고, 책이 출간된 후 인세를 받는 경우도 있다. 인세의 비율은 회사마다 차이가 있지만 요즘에는 8%에서 10% 사이이며, 선인세를 받을 시 1쇄에 해당되는 비용을 정산하는데 예전에는 1쇄를 최소 천 부에서 3천 부로 봤다면 지금은 1쇄를 최소 500부에서 1,500부 사이로 본다. (물론 출판사 별로 차이가 있고 저자의 인지도에 따라 다르다)

기획출판은 연령대에 상관없이 가장 많이 선호하는 방식이기도 하다. 그 이유는 출간 과정에서 저자가 부담해야 하는 금액이 일체 없고 또한 디자인이나 인쇄와 같은 영역은 전문가가 담당하기 때문에 분업화해서 일을 할 수 있기 때문이다. 또한 유통 및 마케팅을 할 때도 작가의 부담이 적은 편이다. 물론 지금은 독자들과 가까이서 소통해야 하고 다양한 행사를 통해 자주 만나야 하는 편이지만 입고나 정산에는 신경을 쓸 필요가 없다.

하지만 이런 많은 장점에도 불구하고 큰 단점이 있다. 신인작가는 계약을 하기가 어렵다는 것이다. 아무래도 출판사에서는 기존에 작업을 함께 해본 저자들이 있고 마음에 드는 원고는 먼저 연락을 취하는 편이기에 그런 컨택이 없다면 기획출판을 하기 어렵다. 그렇다고 방법이 없는 건 아니다. 바로 투고다. 그래서 출간을 희망하는 작가들은 출판사에 기획서와 목차 그리고 원고의 일부를 이메일로 보낸다. 관계자가 검토 후에 마음에 든다면 회신을 보내고 계약을 진행하는데 이게 끝이 아니다. 앞서 말한 것처럼 기존 원고의 분량이나 구성이 충분치 않다면 추가수정을 해야 하고 출간이 되기 전까지는 편집자와 의견을 교환하며 호흡을 맞춰야 한다. 이 과정에 부담을 느낀다면 기획출판은 안 맞을 수 있다.

그렇다면 이번에는 자비출판에 대해 알아보자. 말 그대로 작가가 원고를 쓰고 사비를 들여 출간을 하는 형태인데 예전에는 주로 원고만 넘기고 자비출판을 전문으로 하는 출판사에서 거꾸로 저자에게 진행비용을 받았다. 최소 백만 원 이상으로 책정되어 있는 금액 때문에 부담스러워 쉽사리 도전하기 어렵다는 경우가 많았는데 독립출판이 등장하고 자리를 잡으면서 양상이 조금 바뀌었다.

이러한 자비출판 중 독립출판은 기존의 출판사를 통하지 않고 원고작성, 디자인, 인쇄, 유통 그리고 정산까지 모두 작가가 직접 하는 시스템이다.

장점이라고 한다면 원하는 내용을 원하는 만큼 쓰고 디자인도 내가 원하는 대로 할 수 있으며 인쇄 역시 내가 형편이 되는 부수만큼 찍을 수 있다는 것을 들 수 있다. 다만, 이 경우에는 디자인을 외주를 주지 않으면 직접 배워야 하고 유통 및 정산까지 스스로 해야 하기 때문에 조금 벅찰 수 있다. 하지만 원고 집필 시에 기존 단행본보다 적은 분량으로도 출간이 가능하기에 그 에너지를 전체적인 프로세스에 분산시켜 쓰도록 조절할 수 있다. 모든 과정에 참여한다는 게 단점일 수도 있지만 거꾸로 선택을 받아야 할 필요가 없고 내가 원하는 대로 모든 걸 컨트롤할 수 있다는 게 장점이기도 하다.

POD는 그러한 독립출판의 단점을 보완한 예이기도 한데, 원고 집필 및 디자인까지는 독립출판과 같으나 인쇄과정이 다르다. 미리 책을 찍어놓는 게 아니라 독자가 주문할 때마다 한 권씩 인쇄를 하는 시스템으로, 인쇄비와 제작비의 부담이 적거나 아예 없다는 게 장점이다. 또한 재고의 부담이 없고 바로 입고를 하지 않아도 된다. 하지만 주문이 들어올 때마다 인쇄를 해야 하기에 배송까지 걸리는 시간이 다소 길고 오프라인 매장에는 입고를 하기 힘들다는 게 단점이다. 독립출판에는 관심이 있으나 아예 자비부담이 없는 쪽을 원한다면 POD출판도 고려할 만하다.

: 투고는 어떻게? :

일단 내 글과 방향성이 맞는 출판사 리스트를 추려본다. 만약 처음 출간을 준비하는 거라면 대형 출판사 보다는 신인작가와 계약할 가능성이 있는 중소형 출판사를 권해주고 싶다. 그런 뒤 원고의 일부와 목차 그리고 기획서를 작성해 담당자 메일로 보낸다. 그리고 답변을 기다린다. 계약 여부와는 상관없이 답신이 오는 곳도 있고 그렇지 않은 곳도 있다. 만약 미팅을 희망한다는 연락을 받으면 긍정적인 신호로 보면 된다.

그 후 날짜와 장소를 정해 담당자와 만나 이야기를 나누고 괜찮다고 생각되면 조건을 조율한 뒤 계약서를 작성하면 된다. 이때 내용을 꼼꼼히 읽어보고 잘 이해가 가지 않는 부분이 있다면 꼭 확인해보는 것이 좋고 아무런 이상이 없다면 사인을 하고 계약서를 한 부씩 나눠가지게 된다. 그리고 정해진 원고 인도일까지 집필을 마무리하여 최종원고를 보내면 끝.

그 후의 출간일정은 담당자와 조율하면 되고 상황에 따라 변경될 수 있다.

: 작가의 역할은 어디까지? :

예전에는 대부분 집필을 해서 최종원고를 넘겨주는 것으로 작가의 역할이 끝났다고들 했다. 하지만 시대가 바뀌었다. 저자와 독자들이 만나는 자리가 많아졌고 SNS를 통해 소통을 하기도 하며 다양한 방식으로 책을 홍보하고 노출하는데 참여하게 된 것이다. 물론 이에 따른 호불호는 있을 수 있지만 출판사에서도 작가가 싫다는 데 억지로 강요하지는 않는다. 그저 자신이 순순히 받아들일 수 있는 몫까지 최선을 다하면 될 것이다. 시대변화에 따라 저자의 역할도 바뀌고 있으며 출판계 상황이

달라지고 있다는 사실만 명심하면 된다.

: 함께 일한다는 건 어떤 것? :

자기 스스로 모든 걸 컨트롤하는 자비출판이 아닌 경우에는 출판사 특히 담당 편집자와 긴밀히 소통하고 함께 일하려고 하는 자세가 필요하다. 최종원고를 넘기기 전까지 틈틈이 연락을 주고받으며 러닝메이트의 역할을 하기도 하며 그 후에는 추가 수정 보완해야 할 점들을 이야기 나누며 함께 책을 완성해 나가기 때문이다.

디자인이나 마케팅 방향의 가닥을 잡을 때도 그렇다. 일단 글은 내 손을 떠났고, 최대한 원고의 장점을 살려 포장하고 홍보하는 것은 출판사의 몫이라고 볼 수도 있지만 이제는 그 과정에 참여해야 하는 경우도 많다.

의견을 내고 함께 가닥을 잡아나간다. 물론 나의 뜻이 모두 수용되는 건 아니다. 그렇다고 해서 마음 상해하지 말고 전문가의 안목을 믿자. 같이 하나씩 만들어나가다 보면 내가 발견하지 못한 점을 발견해내는 편집자의 모습에 놀라기도 하고 이를 바탕으로 신뢰가 쌓이기도 한다.

그러한 점에서는 비즈니스 파트너가 아닌 서로의 잠재력을 끌어내고 발휘할 수 있게 해주는 동료가 될 수 있다. 그런 게 바탕이 되면 딱 한 번만 같이 일을 하는 게 아닌 나머지 작품들도 함께 작업할 수 있는 밑거름이 되어준다.

오로지 원고에만 집중하고 싶고

비용을 들이는 게 부담스럽다면 기획출판을,

원고부터 디자인과 인쇄 그리고 영업의 전 과정을

직접 경험하고 싶다면 독립출판을,

이 두 가지의 중간 형태를 원한다면

POD출판을 고려해보자.

직 장 그 만 두 지 않 고 작 가 되 기

Part 2

실전

．
．

3년 전, 나는 스웨덴에 가려 했다. 정확히 말하자면 수도인 스톡홀름에서도 버스를 타고 두어 시간을 더 가야 하는 시골이었지만.

이곳은 매년 여름이면 시골마을 전체가 댄스타운으로 바뀐다고 했다. 5주 동안 열리는 워크숍과 파티에 참가하기 위해 전 세계 댄서들이 이곳으로 몰려온단다. 무엇보다 수백 명에 달하는 사람들이 강당에 꾸려진 간이숙소에서 함께 먹고 자고 생활한다는 게 흥미로웠다.

해외에 나가 오랫동안 체류했던 게 벌써 십여 년 전. 나는 이것이야 말로 절호의 찬스라고 생각했다. 하지만 생각보다 정보가 너무 없었다. 다녀왔다는 사람들의 후기를 정말 찾기 힘들었다. 그 흔한 사진도 영상도 찾아볼 수 없었다.

나는 불안해지기 시작했다. 스웨덴의 허랭이 어디라고 단순한

호기심 때문에 5주 동안이나 자리를 비워가며 다녀온다는 게
이성적인 선택은 아니라는 생각이 들었다.
나는 고민을 하고 또 고민을 한 끝에 결국 포기하고야 말았다.
하지만 그 다음해에도 일명 나의 허랭병은 사그라지지 않았다.

이번에는 스태프 신청을 했다. 낮에는 일을 하는 대가로 무료
로 숙소를 제공받고 식사를 할인받을 수 있는 자리였다. 하지
만 이번에도 한 발 늦었다. 신랑과 반려견을 떼어놓고 장기간
자리를 비워야 한다는 점이 나를 망설이게 했고 너무 늦게 신
청한 나머지 거절의 답변을 받아들어야 했다.
그 사이 용감하게 허랭을 다녀온 사람들이 본격적으로 포스팅
을 하기 시작했다.

매일 밤마다 벌어지는 파티와 워크숍 동영상도 SNS상에서 심

심치 않게 찾아볼 수 있었다. 그랬다. 스웨덴 시골에서의 댄스 캠프는 더 이상 특별한 소재가 아니었다.

그 경험으로 말미암아 나는 깨달았다. 내가 뭔가를 시도하려 했을 때 그 어떤 경로로든지 간에 충분한 정보를 얻을 수 없다 면 그것이야 말로 특별하고 참신한 소재가 될 수 있다는 것을. 내가 망설이지 않았다면 그 경험으로 지금쯤《스웨덴 시골마 을에서의 5주》라는 여행에세이를 썼을 텐데 말이다. 아마도 사람들은 그 이야기를 신기해 했을 것이고.

요즘에는 내가 할 수 있는 것과 없는 것을 판단해 이를 가지고 기준을 세워 특별한 소재를 찾고 있다.
한 달 이상 장기로 자리를 비우는 것은 불가능하지만 일주일 이나 보름정도는 괜찮다. 지원 없이 외국으로 나가는 건 힘들

겠지만 국내라면 가능할 것 같다. 강한 체력이 요구되는 체험
은 어렵겠지만 비교적 적은 에너지를 가지고 해볼 수 있는 체
험이라면 괜찮을 거다. 일단 리스트에 올린 건 환경과 관련된
것들이다.

'일주일에 하루, 디지털 디톡스'의 경험을 살려서 '비전화 체험'
에 도전해보면 어떨까 싶다. 또한, 일부러 가볼 일이 없는 지
역이나 오래된 축제 혹은 잊혀져가는 옛것을 재조명해보고 싶
기도 하다. 목록이 다 채워지고 그 중에 정말 구미가 당기는
것이 있다면 그때는 지체 없이 시도할 예정이다.

이번에야 말로 망설이지 않을 거다.

참신한
소재
찾기

●

●

같은 하늘 아래 새로운 이야기는 없다는 말이 있다. 나 역시도 여기에 동감한다. 정말 참신하다고 생각했던 것도 실은 이미 다른 사람도 똑같이 생각하고 있을 수 있다. 하지만 그걸 먼저 발굴해서 써내는 것은 또 다른 차원의 이야기다. 누군가가 글로 옮기기 전에 내가 먼저 한 발짝 나서 보여준다면 세상은 그 이야기를 놀랍다고 참신하다고 말할 것이다. 소재란 그런 거다. 어딘가에 묻혀 있는 걸 남들보다 먼저 발굴해내는 것. 그래서 차별화되는 이야기를 쓰고 싶다면 일단 위험을 무릅쓰라고 하고 싶다.

SNS상에서 만약 그에 대한 정보가 넘쳐난다면 그건 더 이상 새로운 소재가 아니다. 그러니 항상 귀를 열어두고 재미난 것들을 찾아 목록을 만들자. 그리고 그 중에 끌리는 것이 있다면 먼저 인터넷을 통해 아는 사람들이 많은지 확인해보자. 만약 아무도 잘 모른다면 그것이야 말로 당신이 발굴할 수 있는 이야기가 될 것이다.

하지만 앞서 말한 것처럼 누가 먼저 그 소재를 가지고 글을 쓰기 시작했다고 해서 포기할 필요는 없다. 대신 약간의 변형을 주자. 이를 테면 앞에 수식어를 붙여 새로운 콘셉트를 만드는 것이다. 몇 년 전만 해도 '산티아고 순례길'은 아는 사람들만 아는 참신한 소재였다. 하지만 지금은 매스컴을 타고 다녀온 이들이 많아지면서 흔한 여행지가 되어버렸다. 그래도 여기에 수식어를 붙여 차별화해보자.

- 엄마와 함께 산티아고 순례길 → 동행할 사람을 생각해본다.
- 사람을 찾아 산티아고 순례길 → 목적을 생각해본다.
- 서른이 되기 전에 산티아고 순례길 → 시기를 생각해본다.
- 모든 걸 잃고 산티아고 순례길 → 감정을 생각해본다.

그렇다면 이미 흔한 이야깃거리일지라도 참신한 소재로 둔갑할 수 있다. 여기에 여러분이 알 만한 사례를 하나 들어보겠다. 바로 태원준 작가의 저서 《엄마, 일단 가고봅시다!》와 《엄마, 결국은 해피엔딩이야!》이다. 이 책들은 한마디로 세계여행 에세이다. 사실 서점에 가보면 지구를 한 바퀴 돈 여행 서적이 넘쳐난다. 그 중에서도 유럽의 경우 오래된 역사를 자랑하기도 하고 여러 나라를 한 번에 돌아볼 수 있는 데다가 로맨틱한 무드를 자랑하는 곳이라 그 어떤 여행지보다 인기가 많다. 특히 대학생 시절에는 방학 때 유럽 배낭여행을 꼭 가봐야 한다고 하질 않는가. 내 주변에도 다녀온 이가 셀 수 없을 정도로 많다. 그렇기에 특별할 것 없는 소재지만 태원준 작가는 여기에 수식어를 붙여 새로움을 더했다. 그건 바로 '모자가 함께 떠나는' 이다. 환갑이 다 된 엄마와 아들이 배낭여행을 떠난다는 것. 그 점 때문에 많은 독자들이 신선하다고 느꼈다. 덕분에 후속편이 나올 정도로 인기를 얻었고 베스트셀러에 꽤 오랜 시간 이름을 올렸다.

완전히 새로운 것은 없다.
누군가 먼저 시도하기 전에 과감하게 도전해보자.
만약 이미 알려진 이야깃거리라면 수식어를 붙여
새로운 콘셉트를 만들어보자.
그러면 세상에 단 하나 밖에 없을 법한 특별하고 참신한
이야기가 탄생할 것이다.

직 장 그 만 두 지 않 고 작 가 되 기

: 참신한 소재 찾기 :

1. 잘 알려지지 않았거나 나만이 관심 있어 하는 이야깃거리를 찾아 적어보세요.
ex) 스웨덴 허랭 댄스캠프, 우프, 한국의 갈라파고스 굴업도, 1인플 보드게임 등

2. 잘 알려졌지만 관심 있는 소재를 찾아 수식어를 달아주세요.

ex) 반려견과 함께하는 유럽여행, 실연당한 이의 독서, 취준생의 하루

3. 그 중에서 내가 글로 옮겨보고 싶은 이야깃거리를 골라 키워드로 완성해
주세요.
ex) 자전거를 타고 도는 스웨덴 시골마을, 초보 백패커의 해외 섬 정복기,
도시녀의 주말 시골여행

잘 알려지지 않은 책이지만 《즐라타의 일기》라는 작품이 있다. 내가 초등학생이던 시절만 해도 동네에 대형백화점이 단하나 밖에 없었다. 그 때문에 온 동네 아이들은 부모님을 졸라주말에는 쇼핑을 하러 꼭 백화점에 들르곤 했다. 나 역시도 예외는 아니었다. 나는 옷을 사기 위해서가 아니라 책을 사러 갔다. 서적코너에서 이런저런 작품들을 뽑아 보며 다 살 수 있으면 얼마나 좋을지를 상상하곤 했다.

그러던 어느 날 세뱃돈을 받았다. 그리하여 드디어 내가 원하는 책을 살 수 있게 되었는데 그때 내 눈에 띄었던 게 바로 《즐라타의 일기》였다. 아직도 기억나는 건 양장본 책이라서 당시물가로는 다소 비싼 5천 원대의 가격! 나는 망설임 없이 사서집으로 돌아왔다. 무슨 책인지도 잘 몰랐으면서 말이다.
하지만 제목처럼 누군가의 일기를 훔쳐본다는 생각에 키득키

득 대며 책장을 넘겼더랬다.

나와 비슷한 또래의 소녀가 애칭까지 붙여 기록한 글들. 알고 보니 (舊)유고슬라비아 내전의 끔찍함이 고스란히 담겨 있는 책이었다. 다행히 비슷한 느낌의 선구자적 작품인《안네의 일기》의 주인공이 결국 비극을 피하지 못했다면 이 소녀는 도움을 받아 피신해 살아남았다. 덕분에 책을 덮으며 안도를 했던 기억이 난다.

사실 어른이 되어 종교분쟁이나 내전과 관련된 책을 찾아보니 그 종수가 꽤 많았다. 그럼에도 불구하고 한 소녀의 일기 형식을 빌린 그 책이 가장 인상 깊었던 걸 보면 이야기를 어떤 그릇에 담느냐 역시 차별화되는 지점이라고 느꼈다.

그 후로 나도 그 점을 항상 고민한다. 쓰기 전에 먼저 소재를 생각해 정리하고 그 이야기를 어떤 형식으로 서술해 나갈지를.

이야기를
담는 그릇,
형식

소재는 참신해야 한다. 하지만 아무리 진부해도 꼭 하고 싶은 이야기가 있다면 그때는 형식을 바꿔 새롭게 만들어보자. 음식을 만들 때도 어떤 그릇에 담느냐에 따라 어떤 가니쉬를 더 하느냐에 따라 완전히 다른 느낌을 준다. 그만큼 플레이팅이 중요한데 색다른 형식으로 이야기를 서술해나가는 것 또한 이와 다르지 않다고 생각한다.

꼭 기상천외한 듣도 보도 못한 양식만을 사용해야 한다는 건 아니다. 반드시 읽어야 할 명작으로 일컬어지는 《안네의 일기》역시 홀로코스트의 비극을 일기라는 비교적 잘 알려진 형식에 담아냈다. 그 정도로도 독자들은 참신하다고 여긴다. 특히나 일기는 누군가가 읽을 거라는 전제하에 쓰는 게 아니기에 비밀스런 내용이 담기기 마련이다. 이 때문에 어떤 이야기든 이 형식을 빌리면 읽는 사람으로 하여금 남들은 모르는 이야기를 엿보는 것 같은 재미를 선사한다. 일기라는 형식은 아직도 많은 작가들이 글을 쓸 때 차용하는 방식이기도 하다.

편지는 또 어떤가? 누군가와 이야기를 주고받는 형식으로 특정한 패턴이 있다. 보내는 사람과 받는 사람이 있고 인사로 끝을 맺는다. 이처럼 편지를 활용한 문학작품은 다양하나 대표적으로 우리에게 잘 알려진 《키다리 아저씨》를 먼저 꼽을 수 있겠다. 또한 책을 좋아하는 사람들 사이에서는 알음알음 소문이 난 소설 《건지 감자껍질파이 북클럽》역시 주인공인 작가가 서신을 교환하는 방식으로 진행된다. 책 《채링크로스 84번지》는 편지이면서 동시에 주문서 형식으로 미국의 작가가 실제로 영국의 헌책방 주인과 주고받은 약 20여 년간의 글이 주된 형식으로 사용되고 있다.

그 외에도 글쓰기에 차용할 수 있는 형식은 무궁무진하다. 레시피, 발주서, 운송장, 영수증 등도 활용할 수 있다. 가장 좋은 건 내가 실생활에서 자주 접하거나 친숙한 양식을 활용하는 것이다. 이를테면 간호사나 의사와 같은 의료계 종사자라면 차트양식을 활용할 수 있겠고 직장인이라면 사직서나 시말서를 활용해볼 수 있겠다. 또한 뮤지션이라면 악보나 플레이리스트를 활용할 수도 있을 것이다. 운동선수라면 연습일지를, 농부라면 작업일지나 관찰일기를 사용할 수도 있다. 특히 나 그 양식과 밀접한 이야기 소재를 선택한다면 환상궁합! 예를 들어 퇴사나 이직에 관한 에세이를 쓰고 싶다면 사직서 양식을 활용해 이야기를 풀어나갈 수 있을 거다.

참고서적

- 《건지 감자껍질파이 북클럽》
- 《즐라타의 일기》
- 《반 고흐, 영혼의 편지》
- 《파란하늘처럼 하드록처럼 사랑해》
- 《채링크로스 84번지》
- 《브리짓 존스의 일기》
- 《A가 X에게》

아무리 생각해도 새로운 이야깃거리가 없다 해도 방법은 있다.
색다른 형식을 이용해 글쓰기를 해보자.
그 어떤 것이든 괜찮다. 가능하다면 나에게 친숙한 양식을
활용하거나 이야기에 어울리는 양식이라면 더 좋겠다.

직 장 그 만 두 지 않 고 작 가 되 기

: 이야기를 담는 그릇, 형식 :

1. 특별하다고 생각되는 형식을 찾아 적어보세요.
   ex) 편지, 일기, 발주서, 영수증, 레시피 등

....

....

....

....

....

2. 일상 속에서 자주 접하거나 친숙한 형식을 적어보세요.
   ex) 업무일지, 사직서, 출석부, 조퇴계, 휴가원 등

....

....

....

....

....

3. 그 중에서 앞에서 생각해놓은 소재와 어울리는 형식을 찾아보세요.

ex) 실연 후 떠나는 유럽여행 - 편지

·
·

직장을 다니며 혼자 글을 쓰다가 어느 순간 외롭다는
생각이 들었다. 글쓰기를 매개로 많은 사람과 함께 어
울리고 싶어서 고민하던 중 '명예기자'를 뽑는다는 홍보
물을 봤다. 태어나 기사라는 걸 제대로 써본 적이 없어
서 잘할 수 있을까 하는 생각에 망설였지만 도전해보기
로 했다. 예상외로 취재를 하고 기사를 쓰는 건 무척 즐
거운 일이었다. 축구 명예기자로 활동하는 날이면 전
날 밤부터 가슴이 두근거렸다. 하지만 뭐든지 1년 정도
지나면 처음의 그 신기함은 사라지고 익숙함만이 남는
법. 어느 날, 한국축구를 보기 위해 인천을 찾는다는 독
일팬을 밀착취재할 일이 생겼다.

'과연 그들이 올까? 약속을 지킬까?'

떨리는 마음으로 매표소 앞에서 프레스카드를 걸고 기다리고 있는데 키가 큰 두 사람과 눈이 마주쳤다. 그제야 우리는 반갑게 인사를 나누고 그날 하루 종일 함께 다니며 경기를 관전하고 짧은 인터뷰도 진행했다. 가는 날이 장날이라고 이날의 경기는 후반에 터진 골로 우리 모두에게 만족할 만한 승리라는 결과를 안겨주었다.

취재도 잘 끝났고 잊지 못할 경험을 해 사람들과 모여 뒤풀이를 하기로 했다. 못 마시는 술이지만 이날만큼은 들뜬 마음을 감추고 싶지 않아 연거푸 잔을 부딪치며 마셨다. 그리고 나는 알딸딸한 상태로 집에 돌아와 선잠에 들었다. 술기운은 얼마 가지 않았고 새벽 두 시경 눈을 떴다. 귀찮기도 하고 피곤하기도 해 기사작성을 아침으로 미루고 싶었지만 다시 잠들 수도 없어 술이 덜 깬 상태에서 비몽사몽간에 글을 써내려갔다. 미리 틀을 짜둔 것도 아니라 그야말로 즉석에서 기사를 완성하고 송고를 했다. 그리고 그 다음 날 여럿에게 연락을 받았다. 내가 썼던 기사 중에 가장 재미있고 참신하다는 평들이었다.

그때 나는 깨달았다. 상태를 바꾸거나 특별한 감정을 가지고 쓰면 색다른 글이 나온다는 걸. 평소 쓰던 시간이 아닌 새벽시간에 한껏 들뜬 기분에 술까지 덜 깬 상태에서 작성한 기사는 확실히 달랐다. 그 사실을 몰랐을 독자에게까지 그 느낌이 전해질 정도로.

한번은 인터뷰를 하다가 내 마음을 울리는 상대를 만났다. 아직도 강의를 갈 때마다 그 인터뷰이에 대한 이야기를 하는 편인데 첫인사를 나누자마자 내게 종이 한 장을 건넸다.

'이건 뭐지?'

가만히 넘겨보니 이력서였다. 나는 당황하고 말았다. 채용담당자도 아니고 일개 기자일 뿐인데 이력서라니. 이런 내 반응을 보고 인터뷰이는 조근조근 설명을 이어나갔다. 실은 자기가 말주변이 별로 없어서 혹시라도 이야기하고 싶은 내용을 놓치거나 부족한 부분이 있을까봐 그간 해왔던 활동을 정리해온 것이란다. 필요하면 기사를 작성할 때 참고해달라고 했다. 그날 나는 온몸에 땀이 나는 경험을 처음으로 했다. 이 사람의 말 하나하나를 허투루 들어서는 안 된다고 생각했다. 그의 간절함이 와 닿았다. 사심을 담아서는 안 되지만 인터뷰 기사를 작성하는 내내 글자 하나하나에 절실함이 담기는 것 같은 느낌을 받았다. 다 쓰고 읽어보니 그가 나를 얼마나 울렸는지 내 마음을 얼마나 움직였는지를 확인할 수 있었다.

감정과
상태를 바꿔
글쓰기

．

．

평소 반복되는 것에 질린다는 뜻으로 '그 밥에 그 나물'이라는
표현을 자주 사용하는데 사실 글쓰기도 이와 다르지 않다. 나
만의 스타일도 중요하지만 늘 똑같은 기분으로 똑같은 상태
로 글을 쓰다 보면 매너리즘에 빠지기 쉽다. 읽는 사람도 쓰는
사람도 지겨워지는 것이다. 그럴 때 이용해볼 수 있는 게 바로
평소와 다른 상태와 감정을 가지고 글을 쓰는 것이다.

일반적으로 직장을 다니며 글쓰기를 하면 퇴근 후 책상 앞에
앉아 타이핑을 하는 모습을 떠올릴 것이다. 그런데 그걸 좀 비
틀어보는 거다. 매우 피곤한 날에도 화가 머리 꼭대기까지 치
밀었을 때에도 눈물이 왈칵 쏟아질 때도 그 순간을 놓치지 않
고 글을 써보는 거다. 그러면 의도치 않았더라도 글 속에 피곤
함이 묻어나고 짜증이 가득하고 슬픔이 밀려오는 듯한 느낌이
든다. 그리고 독자는 귀신같이 그걸 알아본다. 물론 왜 그런지
는 정확히 모른다 할지라도 말이다. 이를 이용하면 평상시 일

을 하며 받은 스트레스를 해소하거나 부정적인 감정을 다스리는 데에도 효과가 있다. 그게 색다른 글을 나오게 할 수 있다는 경험을 했기에 감정 자체에 깊숙이 빠지기 보다는 객관적으로 파악했다가 이용을 할 수 있기 때문이다. 사실 이건 나의 경험담이기도 하다.

한때 나를 지독히도 괴롭히던 상사가 있었다. 입만 열면 거짓말만 늘어놓고 동료들이 없는 사무실에서 팔을 크게 휘두르며 위협적인 태도로 협박조의 말을 늘어놓기도 했다. 덕분에 나는 매일 밤 스트레스가 극에 달한 상태로 퇴근해야 했고 급기야 위궤양까지 걸려 퇴사를 고민하는 지경에 이르렀다.

하지만 그때 그런 감정을 이용해 글을 써보자는 생각이 들었다. 화가 난 것을 떨쳐버리려 하지 않고 자리에 앉아 한 자 한 자에 분노를 실었다. 그러다 보니 나중에는 그 상사가 과연 오늘은 어떤 말을 할까 혹은 어떤 행동을 할까가 궁금해지기도 했다. 그리고 그걸 관찰했다가 당시 쓰던 소설 속에 녹여 넣었다. 그 후로 나는 스트레스로부터 조금은 자유로워졌고 덕분에 특이한 캐릭터도 만들어낼 수 있었고 독특한 분위기의 글도 쓸 수 있었다.

그렇다면 상태를 바꾼다는 건 뭘까?

앞서 말한 감정은 인위적으로 바꾸기는 어렵다. 그저 그 순간을 놓치지 않으려고 하는 정도다. 하지만 상태는 바꿀 수 있다. 서문에서 밝힌 것처럼 술이 약간 취해 알딸딸하게 만든다든지 나를 고립시켜 매우 외롭게 만들 수도 있다. 아니면 몸을 몹시 지치게 만들어 글에서 피곤함이 뚝뚝 묻어나게 한다든지 말이다. 사실 감정을 이용하는 것과 거의 일맥상통한다고 볼 수도 있다. 다만 능동적으로 내가 컨트롤할 수 있다는 점이 다르겠다.

이렇듯 감정과 상태를 바꿔 색다른 작품을 써낸 작가들이 적지 않다. 그 중에서 소개하고 싶은 작가는 바로 《길 위에서》로 널리 알려진 잭 케루악이다. 이 책은 한 작가가 지인과 함께 미국 서부를 횡단하는 로드여행기를 담고 있는데, 사실 소재 자체는 특별하다고 볼 수 없지만 이 책 전반에는 아주 독특한 분위기가 흐른다.

처음 《길 위에서》를 권유받고 읽었을 때는 개인적으로는 그다지 재밌지 않아 의아하기까지 했다. 하지만 책을 읽고 있노라니 속이 울렁거리는 듯한 느낌이 들어 참 이상하다고 생각했다. 알고 보니 작가 잭 케루악은 일반적인 상태에서 글을 쓰지 않았다. 매우 하이 상태에서 작품을 완성했던 것이다.

물론 이를 따라하라는 건 절대 아니다. 스티븐 킹이 말했듯, 인생에서 예술이 중심이 되어서는 안 되니까. 하지만 그런 상태나 감정 변화가 글에 독특한 분위기를 부여하는 것만은 사실이다. 내가 감당할 수 있고 사회적으로 용인될 수 있는 상태에서 글을 써본다면 아마 색다른 작품이 나올 수 있을 것이다.

참고서적

• 《길 위에서》
• 《길 잃은 개》

항상 똑같은 상태가 아니라
특별한 감정이나 상태에서 글을 써보자.
의도하지 않아도 그러한 느낌이 글에 자연스럽게 녹아들어
독특한 분위기를 자아낼 것이다.

직 장 그 만 두 지 않 고 작 가 되 기

: 감정과 상태를 바꿔 글쓰기 :

1. 평소 주로 어떤 상태에서 글을 쓰는지 적어보세요.
   ex) 퇴근 후 10시에서 11시 사이에 약간 피곤한 상태에서 글을 쓴다.

....

....

....

....

....

2. 글을 쓸 때 기분은 주로 어떤 편인가요?
   ex) 되도록 평정심을 유지하려고 애쓰는 편이다. 스트레스를 받는 날에는
   글을 쓰지 않는다.

....

....

....

....

....

3. 나에게 적용해볼 수 있는 특별한 감정이나 상태는 무엇이 있을지 적어보세요.
   ex) 우울할 때마다 그 감정을 놓치지 않고 글을 써본다. 이를 발전시켜 우
   울일기를 작성해볼 수 있을 것 같다. 주말에는 산행을 하는데 피곤한 상태
   에서 글을 써볼 수 있을 것 같다.

글을 쓰다 보면 아니, 일상생활을 하다 보면 어느 순간 꽉 막힌 것 같은 느낌을 받는 순간이 온다. 쳇바퀴를 돌듯이 관성적으로 움직이다 보니 한 발자국도 벗어나기가 힘들다. 나도 그랬다. 직장인이던 시절에는 1 to 9 라는 출퇴근시간이 못 견딜 정도로 숨 막히던 날이 있었다.

그럴 때는 출근 전 미리 점찍어 놓은 카페에 간다든지 아니면 언니와 브런치를 함께하며 풀고는 했는데 그게 사실 완벽한 정답은 아니라는 걸 알면서도 제한된 조건에서 내가 할 수 있는 일탈은 딱 그 정도였기에 간신히 상태를 벗어나는 미봉책으로 사용했다.

그런데 글을 쓰면서부터는 놀랍게도 그와 비슷한 일이 종종 일어났다. 잘 쓰다가도 한 자도 못 적겠는 날이 찾아오는 거였다. 내가 원해서 하는 일이라고 생각했는데, 내가 잘할 수 있는 일이라고 생각했는데도 말이다. 그때 나는 알았다. 뭐든지 항상 하던 대로만 하면 어느 순간 권태가 찾아온다고. 그리고 그게 고스란히 결과로 이어진다고.

그래서 그때부터는 글쓰기를 빙자해서 이곳저곳을 쏘다녔다. 한번은 취미삼아 쓰던 소설이 잘 안 풀렸다. 놀러가기 딱 좋은 주말 낮에 집 안에 틀어박혀 앉아서 글을 쓰자니 짜증이 났다. 그래서 묻지도 따지지도 않고 노트북을 가방에 넣고 무작정 길을 나섰다.

'카페로 갈까?'

그러다가 생각이 다른 데로 미쳤다. 날씨가 좋은데 굳이 실내에 있을 필요 있겠나 싶었던 거다. 그래서 버스를 타고 집 근처 대공원으로 갔다. 사실 야외는 노트북을 사용하기에 적합한 장소는 아니지만 그냥 배터리가 닳을 때까지만 글을 써보기로 했다. 자리가 비어 있는 돌로 된 벤치에 앉아 노트북을 열고 쓰던 소설을 마무리했다. 따뜻한 햇살 아래 지저귀는 새 소리를 들으며 타자를 치니 콧노래가 절로 나왔다. 지나가는 아이들의 행복한 웃음소리에 숲에서 뿜어져 나오는 피톤치드까지.

'오길 잘했네.'

그 날 나는 이상한 경험을 했다. 내가 보고 듣고 맡고 느낀 게 모두 글 속에 흡수되는 것 같은 경험을 말이다. 의도하지 않았는데 장소의 영향을 받아 그 에피소드만큼은 상큼하고 싱그러운 것 같았다.
그 후로는 글이 막히거나 막히지 않더라도 일부러 길을 나선다. 그 어떤 장소의 제약도 두지 않는다. 글을 쓰기에 적합하지 않은 곳도 상관하지 않는다. 가끔은 그런 생각을 한다. 맥도날드 2층에 앉아 글을 쓰면 작품에서는 짠맛이 날까 하는 생각을. 풍경이 몹시 성마른 곳에 가서 글을 쓰면 내 글이 무척이나 건조하고 거칠어질까 하는 생각을 말이다.

장소를
바꿔보기

기본적으로 사람은 어디에서 나고 자랐는지에 영향을 받는다고 생각한다. 이건 글을 쓸 때도 마찬가지다. (물론 감옥에서도 멋진 작품을 만들어낸 작가분들도 있지만 예외적인 경우라 생각한다)

내가 항상 발붙이고 있는 곳은 늘 비슷한 환경을 유지한다. 잘 정돈된 책상. 내가 좋아하는 음악. 환한 불빛. 하지만 덕분에 창의적인 활동이라는 글쓰기조차 관성처럼 굳어버리고 만다. 그게 나쁘다는 건 아니다. 하지만 독자들은 정말 귀신같이 그걸 알아챈다. 솔직히 쓰는 나도 안다. 여행에세이를 보다 보면 감성이 폭발하고 호기심이 가득 차 뭔가 새롭다는 인상을 받을 때가 많은데 그게 다 장소가 달라졌기 때문이 아닐까? 하지만 우리는 멀리 갈 수 없다. 영혼까지 다 끌어와 연차와 휴가를 다 붙여 써도 끽해야 일주일을 넘기기 힘든데 매번 글쓰기를 위해 해외에 나갈 수는 없지 않은가?

대신 지금 내가 처해 있는 상황에서 시도해볼 수 있는 것을 해보면 어떨까? 장소가 바뀐다고 해서 꼭 지구 반대편이여야 할 필요는 없다. 매번 내 방 책상 앞에서만 글을 썼다면 거기만 벗어나면 된다.

가장 흔히 시도해볼 수 있는 장소는 바로 카페다. 일단 인테리어가 다르고 흘러나오는 음악이 다르고 맡는 냄새가 다르고 주변에 앉은 사람들이 다르다. 그야말로 오감을 자극하는 색다른 장소가 되어줄 것이다. 사실 이 점을 이용해 도장 깨듯이 SNS를 통해 점 찍어둔 카페들을 글을 쓴다는 목적으로 다녀도 좋다. 어디 한 군데 같은 곳이 없을 테니까. 또 이를 통해서 글을 쓰면 내가 새로운 장소에 가볼 수 있다는 재미도 생길 수 있다.

조금 색다른 장소가 필요하다면 공공장소는 어떨까? 물론 이때는 각별한 주의가 필요하다. 여러 사람이 이용하는 장소이니만큼 폐를 끼치지 않도록 해야 할 테니까. 내가 자주 애용하는 곳은 바로 지하철 객차 안이다. 덜컹거리는 소리를 들으며 바깥 풍경을 바라보며 또 수많은 승객들의 행동을 지켜보며 그걸 글쓰기에 녹여내려고 한다. 이럴 때는 공간 차지가 적은 메모

패드를 꺼내거나 스마트폰 메모장을 활용하는 것이 좋다.

가끔은 버스정류장에 앉아 글을 쓸 수도 있겠다. 실은 이건 내가 자투리 시간을 활용하고 싶어서 해본 방법이기는 한데 매연냄새와 붐비는 인파로 인해 쾌적한 환경은 아니지만 또 그런 분위기가 글에 영향을 미쳐 색다른 느낌을 자아내는 것 같았다.

아파트 계단에 잠깐 걸터앉아서 쓸 수도, 야외벤치에서 쓸 수도, 약수터 구석에 자리 잡고 쓸 수도, 비행기 안에서 쓸 수도 있다. 이렇게 확장해 나간다면 쓰지 못할 장소는 없다.

아예 글쓰기를 위해 만들어진 특별한 공간도 좋을 것이다. 바로 '북스테이'가 여기에 해당된다. 숙박시설이지만 사람들은 책을 읽거나 글을 쓰거나 그것도 아니라면 정말 쉬기 위해 이곳을 찾는다. 그래서 어떤 곳이든 서가가 갖춰져 있다. 요즘은 음악도 선별해서 들을 수 있게 LP판과 턴테이블을 갖춰놓기도 한다. 책을 읽고 글을 쓸 수 있게 큼지막한 책상이나 탁자가 구비되어 있는 건 두말할 필요 없겠다.

무엇보다 북스테이를 온 사람들은 거의 대부분 책과 글에 관심이 많다. 만약 투숙객들이 한데 모일 장소가 있는 곳이라면 친한 친구와도 할 수 없는 글에 대한 이야기를 나눌 수 있다.

나는 춘천으로 북스테이를 다녀온 적이 있는데 숙박객들만 이용할 수 있는 북카페가 1층에 마련되어 있어 독서도 하고 글에 대한 생각도 하고 다른 손님들의 이야기도 들으며 좋은 시간을 보냈다. 그 후로는 1년에 적어도 두세 곳은 꼭 가본다.

최근에는 평창과 영월에 다녀왔다. 북스테이를 갈 때면 글쓰는 나를 인정받는 것 같은 기분이 든다. 또한 누군가 나에게 더욱 열심히 쓰라며 힘껏 떠밀고 독려하는 것 같기도 하고 말이다.

참고장소 : 북스테이
- 파주 지지향 게스트하우스
- 춘천 썸원스페이지 (현재는 '춘천일기스테이'로 바뀜)
- 영월 이후북스테이
- 평창 운교산방

글이 막힐 땐 장소를 한 번 바꿔보자.
글쓰기에 적합한 곳이 아니어도 괜찮다.
기상천외할수록 더 새로운 바람을
불러일으킬 수 있을 것이다.
그리고 그건 글에 고스란히 묻어날 테고 말이다.

직 장 　 그 만 두 지 　 않 고 　 작 가 되 기

: 장소를 바꿔보기 :

1. 평소 주로 어떤 장소에서 글을 쓰는지 적어보세요.
   ex) 내 방 책상 앞에 앉아 쓴다. or 자주 가는 동네 카페에서 쓴다.

   ....

   ....

   ....

   ....

   ....

2. 글을 쓸 때 무엇을 보고 들을 수 있나요?
   ex) 책상 앞에 아무것도 붙여놓지 않아 하얀 벽을 보고 무음인 상태에서
   쓴다. or 기다란 테이블 앞에 앉아 재즈음악을 들으며 쓴다.

   ....

   ....

   ....

   ....

   ....

3. 시도해볼 수 있는 글쓰기 장소에는 무엇이 있을지 적어보세요.

ex) 옥상, 계단, 공항 등

．

．

인천에서 나고 자란 지 30년이 넘은 나지만 서울 연희동에서 한 달 동안 원룸을 얻어 산 적이 있었다. (물론 이렇게 된 데에는 눈물 없이는 들을 수 없는 사연이 숨어 있지만 글쓰기와는 크게 상관없는 내용이라 이하 생략하겠다) 그 당시 마음 붙일 곳이 없어 퇴근 후 동네를 돌아다는 게 일과 중 하나였는데 우연히 2층짜리 큰 건물을 하나 발견했다. 약간 아리송하게 생겨 정체가 무엇인지 궁금해 들여다보니 갤러리였다. 구경을 하려고 안으로 들어서니 갤러리 겸 카페 겸 펍이었다. 당시만 해도 혼술에 대한 개념이 거의 없어서 조금 망설여지긴 했지만 어차피 인천에서 이역만리인 연희동에서 혼자 홀짝홀짝 술을 마신들 알아볼 사람이 없을 것 같아 용기를 내 2층 구석에 자리를 잡았다. 생맥주를 한 잔 시키고 구경을 하고 있는데 테이블 위에 깔린 종이 하나가 내 눈길을 끌었다. 게다가 옆에는 친절하게 연필 한 자루가 꽂혀 있었다.

'이건 뭐지?'

자세히 봤더니 패스트푸드점에서 흔히 볼 수 있는 종이로 된 테이블매트였는데 자유롭게 글을 쓰든지 그림을 그리란다. 아니면 낙서도 괜찮고 푸념도 괜찮단다. 그걸 모아 1층 갤러리에 전시를 하겠다는 것!

'우와, 참신한데?'

하지만 막상 연필을 들어 테이블매트에 뭔가를 적으려 하니 망설여졌다. 게다가 그걸 걸어두기까지 하겠다니 부담스러웠다. 그래도 여기는 인천에서 이역만리인 연희동이 아닌가. 내가 개발새발 글을 써도 아무도 알아보는 이가 없을 것 같아 용기를 내기로 했다. 없는 재주에 그림도 그렸다. 아직도 기억난다. '실수는 실의 패다.' 그것이 모여 언젠가 좋은 자양분이 되어주겠거니 하는 바람을 담은 것이었다.

색다른
재료를
사용해보기

•

•

글을 쓴다는 행위를 머릿속으로 떠올려보자. 그러면 십중팔구는 노트북을 열어 깜박이는 커서가 있는 하얀 화면에 자판을 눌러 써내려가는 모습을 상상할 것이다. 하지만 사실 글쓰기는 꼭 컴퓨터로만 하얀 종이 위에만 할 필요는 없다. 우선 쓰는 방식을 다양하게 생각해볼 수 있겠다.

예전에는 육필원고라고 해서 원고지에 연필로 꾹꾹 눌러 써내려가는 방식을 사용했다. 그게 모여 한 권의 책이 되었고 덕분에 편집자는 그걸 다시 옮기느라 애를 많이 썼단다. 하지만 지금은 그런 모습을 찾아볼 수 없다. 노트북을 열고 자판을 누르기만 하면 누구나 식별이 가능한 글자체로 입력되니까. 그런데 그걸 바꿔보는 거다.

제일 시도하기 쉬운 건 손글씨겠다. 악필이어도 괜찮다. 나만의 스타일이 담긴 글자 자체가 독자에게는 새롭게 느껴질 수 있다. 가끔 에세이를 보면 그렇게 손글씨를 일부러 삽입한 페이지를 찾아볼 수 있는데 마치 그림처럼 읽히기도 하고 만날 수 없는 작가의 성격을 글씨체를 통해 엿보는 것 같은 재미를 준다.

재주가 있다면 캘리그라피를 시도할 수 있겠다. 모든 글을 그렇게 쓸 수는 없으니 제목이나 소제목에 활용하거나 강조하고 싶은 문구에 멋을 내보는 거다. 아마 똑같은 글자체만 주구장창 들여다봐야 할 독자에게는 잠시 쉬어가는 코너가 되어주기도 할 것이다.

다음으로는 타자기를 들 수 있겠다. 우리 부모님 세대에게는 익숙한 기기이지만 사실 요즘 세대에게는 신기한 물건이다. 컴퓨터와는 확연히 다른 아날로그 느낌이 가득한 서체가 찍혀 나온다. 마지막으로 수제도장을 이용해 찍어내도 좋겠다. 예전에는 심심할 때면 지우개를 조각칼로 파 도장을 만들어 놀기도 했다. 그런 식으로 글자를 만들어 쓰지 않고 찍어내는 거다. 요즘에는 인터넷으로 따로 주문제작도 가능하단다. 나만의 문구 나만의 글자체 나만의 재료를 만들어 활용해보자.

이번에는 글자가 아니라 종이를 바꿀 수도 있겠다. 하얀 종이 대신에 크라프트지를 사용할 수도 있고 갱지나 때로는 이면지를 이용할 수도 있다. 질감이나 배경을 바꾸면 확실히 글이 주는 느낌이 남다르다. 요즘에는 원고지를 잘 안 쓴다. 그래서 어린 친구들은 이걸 신기하게 생각한다. 덕분에 원고지 형태의 떡메모지가 나오기도 했다. 똑같은 내용이지만 한 칸 한 칸 붉은 줄로 나뉘어져 있는 종이에 한 자 한 자 써내려가다 보면 독특한 글이 완성될 것이다. 그게 아니라면 아예 종이라는 재료를 버려도 괜찮다.

오래된 건물 입구에서 문구를 새긴 비석을 발견할 때가 있다. 이처럼 돌에 글을 남겨도 좋고 냅킨이나 앞서 언급한 테이블 매트에도 쓸 수 있다. 광목천도 낙엽도 모두 글을 담기에 충분한 재료다. 물론 긴 글은 어렵겠지만 말이다. 이런 식으로 주위에서 계속 재료를 찾아보는 거다. 소재가 참신하면 제일 좋겠지만 그게 아니라면 형식을 바꿔보고 그것도 마땅치 않다면 새로운 재료를 찾아보자. 만약 이 세 가지를 모두 활용할 수 있다면 그 어떤 글도 따라할 수 없는 아이덴티티를 갖게 될 것이다.

추천재료

• 타자기, 캘리그라피 등

• 판화, 도장 등

• 크라프트지, 이면지, 갱지 등

• 원고지, 종이 도서대출카드 등

• 낙엽, 돌, 기왓장 등

주위에 있는 모든 것이
글을 쓸 수 있는 재료가 될 수 있다.
나만의 개성을 담을 수 있는 것들을 찾아보자.

: 색다른 재료를 사용해보기 :

1. 평소 주로 어떤 재료에 글을 쓰는지 적어보세요.
   ex) 노트북으로 글을 쓴다. or 종이에 낙서처럼 끼적인다.

2. 기존에 사용하던 방식을 어떻게 바꿀 수 있을까요?

ex) 손글씨는 자신이 없어 타자를 치되 종이를 바꿀 수 있을 것 같다. or 낙서 같은 그림을 곁들여 쓸 수 있을 것 같다.

....

....

....

....

....

....

....

....

....

....

....

....

....

....

3. 주변에서 활용할 수 있는 재료에는 무엇이 있을지 적어보세요.

ex) 영수증 뒷면, 티켓 뒷면, 냅킨, 유산지 등

．
．

처음 글을 썼을 때는 내가 어떤 스타일을 가지고 있는지 전혀
몰랐다. 심지어 어떤 장르가 나한테 잘 맞는지도 몰라 시나리
오부터 소설을 거쳐 지금의 기사와 에세이에 정착하기까지 약
3년 정도가 걸렸다. 그래서 모든 게 다 막막했다. 그때 만약 롤
모델로 삼고 싶은 작가를 정확하게 세워놓거나 원하는 스타일
을 머릿속으로 그려봤더라면 시행착오를 줄일 수 있었을 텐데
말이다. 어느 정도 자신감이 붙었을 때 수많은 글들을 쓰고서
야 나는 내가 원하는 스타일이 뭔지 내가 이상형으로 삼는 작
가가 누군지 또렷이 그릴 수 있었다.

소설가 중에서는 닉 혼비가, 르포작가 중에서는 조지 오웰이
바로 그 대상이었다. 아마추어였지만 나름 진지하게 장편 세
작품을 탈고했을 때 내 글에는 한 가지 공통점이 있다는 사실
을 알게 되었다. 바로 성장에 관한 것이었다. 어떤 이야기를

쓰든 루저라고 불리는 두 사람이 만나 우여곡절을 함께 겪어내며 커가는 내용이 주를 이뤘다. 내가 바라는 글은 그런 모습을 하고 있다는 걸 알게 되었다.

그 점에서 본다면 영국의 유명소설가 닉 혼비는 이미 완성형을 넘어서 인정을 받은 대작가였다. 우리 집에는 그가 쓴 작품이 거의 다 갖춰져 있을 정도였다. 제일 유명한 《어바웃 어 보이》를 비롯해서 《하이 피델리티》 그리고 《슬램》까지. 그의 전작들을 읽고 가끔은 필사를 하며 그 스타일을 흡수하고 싶었다. 단순히 따라하는 게 아니라 내 것으로 소화시켜 새로운 스타일을 만들고 싶었다.

반면에 에세이 스타일은 작가 조지 오웰을 꼭 빼닮고 싶었다. 《1984》나 《동물농장》 등의 소설가로만 알고 있었던 그가 실은 빼어난 르포작가라는 걸 《파리와 런던의 따라지 인생》을 통해 알게 되었다. 우연히 서점에 들렀다가 제목이 마음에 들어 휘리릭 훑어보고는 꼭 사서 읽어봐야겠다는 생각에 업어온 책이었다.

엘리트 코스를 밟으며 어쩌면 탄탄대로의 인생이 기다리고 있던 그는 어느 순간, 그 객차에서 폴짝 뛰어내렸다. 그리고 모든 게 달라졌다. 파리와 런던에서 접시닦이와 홈리스로 생활하며 그 세계를 직접 경험했다. 그렇게 나온 결과물은 그 누구도 따라할 수 없는 진실함과 생생함이 담겨 있었다. 그 후에도 그는 직접 경험한 내용을 바탕으로 다양한 르포르타주를 써냈다. 《위건부두로 가는 길》 등을 보며 담백하지만 여전히 유머를 잃지 않는 그의 글쓰기가 부러웠다.

이 책들은 한두 번이 아니라 정말 마르고 닳도록 보고 또 봤다. 요즘에는 솔직한 글쓰기에 관심이 많다. 하지만 쉽지는 않을 것 같다.

나의 약점을 그대로 보인다는 건 사실 큰 용기가 필요한 일이다. 탐은 나지만 내가 따라할 수 없을 것 같다는 생각에 여태껏 마음만 먹고 있다. 언젠간 두려움이 사라지는 날 도전해보고는 싶다. 그게 아니더라도 내 책의 한 챕터 정도는 바닥까지 모두 내보일 정도로 솔직해지고 싶다.

나만의
스타일
찾기

사실 세상에는 무궁무진한 스타일이 있어 그걸 몇 가지 카테고리로 나눈다는 게 어불성설이라는 건 알고 있다. 하지만 그럼에도 불구하고 가장 많이 발견할 수 있는 스타일은 다섯 가지 정도로 나눠볼 수 있을 것 같다.

우선, 강의를 할 때 가장 많은 분들이 닮고 싶어 하는 건 감성적인 스타일이다. 문장 하나하나가 아름답고 서정적이라는 느낌이 들고 직접적이기 보다는 시적이고 간접적이다. 특히 어떠한 상황에서의 사실을 전달하기 보다는 느낌을 전달하려고 한다.

예를 들어 인도로 여행을 갔는데 길을 잃었다면 어떻게 빠져나왔는지를 서술하기 보다는 말이 통하지 않는 외국이라 갑자기 어린애가 된 것 같은 기분을 강조하는 식이다. 헤어짐의 과정을 시시콜콜하게 늘어놓기 보다는 헤어지고 난 뒤의 감정을 시시각각 들려주는 식이랄까? 비유법을 많이 쓰는 것도 특징이라고 생각한다. 그 유명한 시의 한 구절 '내 마음은 호수요 그대 노 저어 오오'처럼 나는 너를 좋아하니까 어서 오라는 직접적인 표현 대신에 아름답게 돌려 전달하는 편이다.

대표적으로 이런 스타일을 가진 작가 중에는 《너도 떠나보면 나를 알게 될 거야》의 김동영(필명 생선)이 있다. 그의 글에 호불호는 있어도 감성적인 스타일이라는 점에는 이견이 없을 거다. 그 중에서도 픽션과 혼잣말 그리고 가사 등 다양한 장르와 형식을 책 한 권 안에 모두 담아 변주한 《나만 위로할 것》은 단행본 출간을 염두에 두고 긴 글을 엮어내고 싶은 사람이라면 참고할 만하다. 그리고 또 추천하고 싶은 작가는 에디터C라는 필명으로도 활동하는 최혜진이다. 《그때는 누구나 서툰 여행》은 20대와 30대에 수차례 유럽을 오간 기록은 담은 것인데 특히나 고흐를 너무나도 좋아해 그의 무덤에 찾아가 꽃다발 대신 쪽지를 남겨놓고 온 부분은 문장에서 눈물이 뚝뚝 떨어지는 느낌마저 들게 한다. 정갈하면서도 감성적인 글쓰기가 매우 인상적이며 활발하게 활동을 하고 있어 다른 작품들도 함께 참고하면 좋을 것 같다.

다음으로 많이 찾아볼 수 있는 스타일은 재치 있고 유머러스한 글쓰기다. 어떤 상황에서건 언어유희를 잊지 않으며 슬픔도 웃음으로 승화하는 밝은 분위기를 가졌다. 대표적인 작가로는 최민석을 들고 싶다. 그의 에세이인 《청춘 방황 좌절 그리고 눈물의 대서사시》는 절판되기 전 서점 서가에서 우연히 발견하고 집으로 사 가지고 와 단숨에 읽어내렸다. 그 후 그의 후속작을 챙겨보며 여전히 그 스타일에 그 센스에 경탄하고는 한다. 근작으로는 《꽈배기의 멋》과 《꽈배기의 맛》이 있으며 《베를린 일기》도 굉장히 인상적이다. 특히나 90일간의 해외체류기를 일기로 기록한 탓에 책을 덮을 때쯤이면 작가가 독일생활에 적응해나가는 과정을 옆에서 지켜본 듯한 느낌이 든다. 최근에는 《고민과 소설가》라는 책을 펴내기도 했다.

해외작가 중에서는 앞서 언급한 닉 혼비를 다시 한 번 들고 싶다. 그는 소설가이면서 동시에 에세이도 꾸준히 쓰는데 장르를 떠나 그의 스타일은 한결같다. 특히 축구를 좀 안다 하는 사람이라면 책 《피버 피치》를 추천해주고 싶은데 자전적인 이야기를 몇십 년에 걸쳐 그것도 단 하나의 소재를 가지고 풀어냈다는 게 대단하다.

강의를 하다 보면 자신은 뚜렷한 색깔이 없다며 고민 상담을 해오는 부류가 있는데 바로 이 스타일에 해당된다고 생각한다. 바로 잔잔한 스타일이다. 어떤 뚜렷한 주장을 하기 보다는 강한 어조를 내세우거나 색깔을 가지기 보다는 남녀노소 그 누구에게도 부담 없이 술술 읽히는 게 장점이다. 그러다 보니 다소 밋밋하지 않느냐고 생각할 수 있지만 그게 장점으로 작용한다는 점을 잊지 말길 바란다.

이런 스타일의 경우 감동을 강요하기 보다는 책을 덮었을 때 잔잔한 무언가가 밀려오는 듯한 여운을 받는다. 대표적인 작가로는 김민섭을 들고 싶다. 사실 《나는 지방대 시간강사다》를 온라인으로 연재할 때부터 눈여겨봤다. 맥도날드 알바와 대학교 시간강사라는 전혀 다른 두 가지 직업군을 동시에 경험하면서 느꼈던 점을 담담하게 서술했다. 무엇보다 오랜 시간 대학에 몸을 담그면서 봐왔던 일들이 어쩌면 때로는 처절

하게 슬프거나 괴로웠을 텐데 그마저도 따스하고 객관적으로 바라보려고 한 게 느껴져 눈시울이 뜨거워진다. 그 후의 행보도 한결같다. 대리운전기사로 일을 하며 바라본 사회를 담은 《대리사회》 그리고 망원동 토박이로서의 동네이야기를 써내려간 《아무튼, 망원동》까지. 최근에는 《훈의 시대》를 펴내 꾸준히 많은 사람들에게 따뜻한 감동을 선사하고 있다.

시대가 변했다는 걸 몸소 느끼게 해준 스타일은 바로 솔직한 글쓰다. 치부를 과감하게 드러내고 거침이 없다. 때로는 거칠게 글을 써내려가기도 한다. 대표적인 작품으로는 《낯선 침대 위에 부는 바람》과 《이혼일기》를 들고 싶다. 읽는 내내 괜찮을까 하는 걱정이 들 정도로 용기를 내 솔직하게 서술했다는 생각이 든다. 솔직하면서도 거친 스타일로는 《길 잃은 개》라는 작품을 들고 싶다.
한 차례 폭풍우가 휩쓸고 간 듯한 격정적인 열애를 끝낸 뒤에 오토바이로 먼 여정을 떠난 한 사나이의 여행기를 담고 있다. 책을 읽고 있노라면 그가 아픔과 충격을 고스란히 안고 길을 떠났다는 걸 여실히 느낄 수 있다. 최근에 2편까지 출간하고 확고하게 베스트셀러로 자리 잡은 《죽고 싶지만 떡볶이는 먹고 싶어》의 경우 자신의 기분부전장애와 불안장애 병력을 드러내고 상담내용까지 밝혔다는 자체만으로도 박수를 쳐주고 싶을 정도로 솔직하다는 생각이 들었다. 예전에는 글조차도 겸손한 게 미덕으로 받아들여졌다면 요즘에는 한 발 더 나아간 솔직한 스타일이 각광을 받고 있다고 생각한다.

마지막으로는 건조한 스타일을 들고 싶다. 흔히 비즈니스 글쓰기라는 게 여기에 해당할 것 같다. 정해진 양식이나 격식이 있어 단정하면서도 감정을 드러내지 않고 객관적인 정보를 담는 스타일인데 주로 자기계발서나 인문서적에서 많이 볼 수 있다. 어떠한 점에서는 회사에서 쓰는 보고서에 익숙한 직장인에게는 좀 더 친숙한 글쓰기 형태라고 보여진다. 다만 이때는 무엇보다도 팩트 체크가 중요하다. 정보를 얻기 위해 읽는 독자가 많은 만큼 신뢰성이 굉장히 요구되는 스타일이라고 볼 수 있겠다. 덕분에 통계나 표를 많이 인용하기도 한다.

절대 그 어떤 스타일이 더 낫다고 말할 수 없다. 수십 수백 가지의 스타일을 단 다섯 가지의 카테고리로 나누어 정리하기는 했지만 참고하는 정도로만 받아들이면 좋겠다. 제일 중요한 건 내가 어떤 스타일에 가까운지를 확인해보고 그 스타일을 이미 확립한 기성작가들의 작품을 참고한다면 어느 정도 길잡이가 될 수 있을 거라는 점이다.

나의 글쓰기 스타일을 파악하고
이에 가까운 작가를 찾아보자.
작품을 읽다 보면 어느새
따라하려고 하지 않아도 저절로 배울 수 있게 된다.

직 장 그 만 두 지 않 고 작 가 되 기

: 나만의 스타일 찾기 :

1. 평소 자신의 글은 어떤 스타일인 것 같은지 생각해보고 적어보세요. 만약
   객관적으로 판단하기가 힘들다면 주위 사람에게 보여주고 의견을 물어봐
   도 좋습니다.
   ex) 감성적인 스타일이다. or 솔직하고 재미있는 스타일이다.

....

....

....

....

....

2. 그러한 스타일을 가진 작가는 누가 있을까요? 당장 떠오르는 사람이 없다
   면 충분히 찾아본 후에 작성해도 좋습니다.

....

....

....

....

3. 선택한 작가의 작품들을 조사해보고 읽어보고 싶은 작품을 골라 적어보세요.

몇 년 전 한창 힙합이 대세이던 때가 있었다. 특히 〈쇼미더머니〉라는 프로그램이 대히트를 쳐서 경연에 참가했던 래퍼들은 유명인이 되었다. 그 전까지만 해도 주류라고 말하기 좀 어려웠던 장르가 메인 스트림이 되었고 나 역시도 팬이 되어버렸다. 그보다도 그 방송을 통해 알게 된 뮤지션의 영상을 찾다가 유튜브 채널에서 신기한 영상을 발견한 뒤 나는 '프리스타일 랩'에 푹 빠져버렸다. 그건 바로 전국을 돌며 하는 프리스타일 랩 배틀 대회였다. 첫 시작이 그냥 아는 사람들만 참가하는 잔치 같은 형태를 띠었다면 힙합 열풍이 불면서 판이 거쳤고 마치 정식대회 같은 느낌으로까지 변했다.

규칙은 이렇다. 랜덤으로 제시어를 주면 거기에 맞춰 즉석에서 가사를 만들어 비트에 내뱉는다. 그게 다다. 사실 생각할 시간조차 거의 없으니 몇 번 주고받다 보면 약간 억지스러운 말장난이 나오는 경우도 있지만 대부분 굉장히 놀라운 구절들이 아무렇지 않게 튀어나온다. 특히 3G와 와이파이를 가지고 서로의 랩 실력을 빗댄 가사는 듣는 나조차도 깜짝 놀라게 만들었다. 그 후로 나는 '프리스타일 랩'에 관심을 갖게 되었다. 물론 모든 래퍼들이 싸이퍼를 잘 하는 것은 아니다. 가사를 미리 생각할 시간이 없으니 랩 메이킹에 충분한 시간을 필요로 하거나 레코딩을 하며 자신의 장점을 갈고 닦는 스타일의 경우 아예 프리스타일을 하지 않기도 한다. 하지만 내 귀를 사로잡은 건 랜덤으로 주어지는 제시어를 가지고 최대한 머리를 굴려 리스너들의 귀를 사로잡게끔 라임을 살리고 그걸 재치로 승화시키는 맛에 있었다.

그걸 보며 랩도 글과 크게 다르지 않구나, 하는 걸 깨달았고 그 뒤로 나는 프리스타일 랩 영상을 종종 찾아보고는 한다. 말의 맛을 살리는 걸 보고 있자니 그걸 글의 맛을 살리는 데 적용할 수 있겠구나 싶고 결국 언어를 가지고 하는 모든 행위들은 일맥상통하는 것이라는 생각마저 들었다.

글의 맛
살리기

단어를 잘 엮어 배치를 잘 하면 글이 쫄깃해진다. 이건 내가 '프리스타일 랩'이라는 다른 장르에서 배운 것이기도 하다. 길게 쓰는 것도 중요하지만 짧은 글 안에 운율을 맞춰 리듬을 형성하고 그걸 통해서 독자들로 하여금 변화의 재미와 글맛을 느끼게 하는 것이 중요하다는 걸 깨달았다. 사실 기본적으로 어느 정도의 분량은 필요하다. 갑자기 긴 글을 쓰지 말자는 이야기도 아니고 기존의 서술이나 스타일을 몽땅 내버리자는 것도 아니다. 다만, 중간에 한 번씩 사용하면 독자들의 집중도도 높일 수 있고 환기를 하는 효과가 생기므로 적절하게 이용하자는 뜻이다.

비슷한 예로 시를 떠올릴 수도 있겠다. 나는 정말 시를 잘 쓰는 사람들이 부럽다. 특히나 '연탄재 발로 함부로 차지 마라. 너는 누군가에게 한 번이라도 뜨거운 사람이었느냐'와 같은 표현을 생각해낸 시인 안도현은 경이로울 정도다. 하지만 아주 멋있고 철학이 담겨 있는 글을 쓰려고 하면 오히려 더 어깨에 힘이 들어가고 부담스럽다. 그러니 글을 가지고 한번 장난을 친다거나 혹은 글을 가지고 한번 놀아보자는 마음으로 차를 떼고 포를 떼고 그냥 한번 써 내려가면 어떨까?

다음은 내가 수업을 통해 들었던 수강생의 글장난 중 가장 인상 깊었던 구절이다.

밤늦게 친구와 헤어져 택시를 타고 귀가하는 내용을 에세이로 쓰려다가 글의 맛을 살려보자는 취지에서 가사처럼 바꿔보기로 했는데 즉석에서 '택시를 타는 너의 뒷모습은 섹시'라며 끝이 딱딱 떨어지는 표현을 만들어냈다. 그게 너무 재밌었다. 그 어떤 묘사보다도 그 어떤 설명보다도 어떤 모습인지 한눈에 그려지면서도 그걸 읽으며 깔깔댈 수 있다는 게 좋았다. 무엇보다 글이 리듬의 형태로 살아서 꿈틀대는 것 같았다.

몇 년 전, 한 SNS를 통해 유명해진 작가 이환천을 인터뷰한 적이 있다. 당시 그가 발표한 글들이 SNS 스타 시인의 작품이라고 불리며 정식 출간되었다. 인터뷰를 하는 내내 그는 조금은 부담스러워하는 눈치였다. 학생 때부터 심심할 때마다 장난처럼 끼적이던 것들을 보고 사람들이 '시'라고 불러줬는데 자신은 정식으로 등단을 한 적이 없고 어떤 큰 철학을 일부러 담으려고 한 게 아니라서 눈치가 보이는 듯 했다. 하지만 나는 그의 글이 참 좋다고 생각했다. 그 중에서도 직장인이라면 탕비실에서 한 번쯤 타봤을 믹스커피를 가지고 사회생활의 애환을 시로 승화시킨 '커피믹스' 편이 가장 인상 깊었다.

내 목따고
속 꺼내서
끓는물에
넣오라고
김부장이
시키드나

시커멓게 탄 속을 해서 커피의 꼭지를 따는 모습이 그려질 정도로 누구나 한 번쯤은 겪어봤을 스트레스를 부르는 그 이름 직장상사.

그 공감대를 글의 맛을 살리며 간결하게 만들어낸 탓에 많은 이들의 공감을 샀다.

그러니 한 번쯤은 심심풀이 장난을 친다는 생각으로 글의 맛을 좀 살려보면 어떨까? 완벽할 필요도 없다. 망쳐도 그만이다. 맛을 살리는 와중에 재밌는 것이 실수로 튀어나올 수도 있으니 말이다. 정해진 규칙은 따로 없지만 막막한 사람들이 있다면 이대로 따라해봐도 좋을 거다. 지금 내 주변에 보이는 물건 중 하나를 선택한다. 텔레비전이 될 수도 있고 노트북이 될 수도 있고 만화책 혹은 지갑이나 병 속에 꽂아둔 조화가 될 수도 있겠다. 그걸 가지고 아무 말이나 지어보는 거다. 길면 안 된다. 최대 두세 문장 이내로.

제시어가 면접이라면 '붙어도 문제 떨어져도 문제 다녀도 문제 그만둬도 문제' 라는 식으로도 해볼 수 있을 거다. 좀 오글거리면 어떤가. 좀 촌스러우면 어떤가. 그러면서 찰진 글의 맛이 살아나는 거지.

그런 면에서 요새 유튜브 채널을 통해 인기 방송인 유병재 씨

가 진행하는 '문학의 밤'이라는 클럽을 가끔씩 챙겨본다. 매니
저를 포함한 세 명이 둘러 앉아 랜덤 제시어를 가지고 즉석에
서 랩 메이킹을 하거나 말을 잇는 식으로 코너를 진행하는데
서로 주고받는 모습도 그렇고 표정이나 자세도 그렇고 그 시
간을 무척 즐기는 듯해 보기 좋았다. 또한 어떤 이상한 문장이
나오더라도 다음 기회를 주고 이를 통해 또 만회하는 모습이
힘이 들어가지 않은 글쓰기 같아서 어쩌면 일맥상통하는 바가
있겠다 싶었다.

때로는 글쓰기에 대한 부담을 좀 떨쳐보자.
랜덤 제시어를 가지고 마치
시구나 가사를 만들 듯이 놀아보자.
어려운 게 아니다.
가끔은 가벼운 마음으로 놀이하듯 글의 맛을 살려보자.

직 장 그 만 두 지 않 고 작 가 되 기

: 글의 맛 살리기 :

1. 지금 내 주변에서 발견할 수 있는 것들이 무엇이 있는지 적어보세요.
   ex) 강아지, 발, 베개, 쿠션, 이불, 벽지, 가방 등

....

....

....

....

....

2. 그 중에 하나를 골라 좀 더 관찰하고 수식어를 붙여보세요.
   ex) 축 늘어진 가방

....

....

....

....

....

....

3. 그걸 어떤 상황에 빗대 볼 수 있을까요? 아니면 비슷한 발음을 가진 단어
와 써볼 수 있을까요?

　ex) 축 늘어진 가방은 → 마치 내 어깨처럼 → 허공에 간신히 매달려
　　→ 나는 오늘도 디딜 곳 없는 전철에 축 늘어진 가방처럼 간신히 매달려

....

....

....

....

4. 이제 두세 문장으로 만들어보세요.

....

....

....

....

....

....

직장을 다니던 시절 나는 늘 시간에 쫓겨 살았다. 바빠서라기보다는 피곤한 몸을 회복할 시간이 필요했기 때문이다. 덕분에 주말이면 방전된 듯 이불 속에 몸을 뉘이고 멍하니 텔레비전 소리에 귀를 기울이며 한나절은 쥐죽은 듯 가만히 있어야 했다. 가끔 야근이나 특근이 있을 때면 퇴근 후 다음 날 알람을 듣고 출근하기 전까지 잠으로 피로를 푸는 수밖에 없었다. 그러다 보니 시간을 내서 글을 쓴다는 게 부담스러워지기 시작했다. 단 1분도 그럴 수가 없었다.

정말 쥐어짜면 어떻게든 시간을 낼 수도 있겠지만 타이트한 일상 때문에 마음의 여유가 아예 사라져버린 터라 그러고 싶지 않았다. 차라리 이 시간에 나를 기쁘게 해줄 소소한 것들에 집중하고 싶었다. 이를 테면 따뜻한 커피 한 잔이나 편한 홈웨어 쇼핑이나 뭐 그런 것들 말이다. 그래서 얼마간은 글쓰기를 피해 다녔다. 그럼에도 불구하고 글이 다시 쓰고 싶어졌다.

그때 나는 노트북을 열거나 메모를 하는 대신에 퇴근 후 정류장에 앉아 버스를 기다리며 그 시간에 쓰고 싶은 말을 녹음하기 시작했다. 준비물도 필요 없었다. 그저 스마트폰의 녹음버튼을 누르고 마음을 먹었지만 쉬이 써내려가지 못한 내용들을 두서없이 말하기 시작했다. 버스가 도착하기 전까지 말이다.

그렇게 하니 영 진도를 빼지 못했던 글에 진전이 있었다. 내가 지키기로 한 목표치만큼만 녹음을 하고 시간이 날 때 그걸 옮겨 적었던 거다. 그 경험을 통해 어느 순간 나는 깨달았다. 말은 곧 글이 될 수 있다는 것을. 그리고 후에 알았다. 그런 걸 '구전문학'이라고 부르며 자기 전에 할머니가 들려주던 이야기가 그런 형태라는 걸. 또한 기자가 된 뒤에는 인터뷰를 하며 말이 곧 글이라는 걸 확신하게 되었다. 좀 더 읽기 쉬운 형태로 고쳐 쓰는 것 외에는 말이 글자가 되어 글로 완성되는 과정을 직접 목도하게 되었으니까 말이다.

말은 곧
글이다

누군가는 위험한 생각이라고 할 수도 있겠다. 그럼 누구나 다 글을 쓸 수 있냐고 되물을 수도 있겠다. 나는 적어도 그렇다고 생각한다. 하지만 말만으로 쓸 수 있는 글에는 한계가 있기는 할 거다. 그래도 노트북을 켜고 자판을 누르는 게 마치 정형화된 자세처럼 여겨져서 글쓰기가 부담스러운 날에는 대신 녹음기를 켜고 말로 쓰는 게 효과적일 때가 있다. 본업이 있는 직장인이라면 더더욱 말이다.

그때는 완벽하게 완결된 형태로 녹음을 할 필요는 없다. 말을 버벅거려도 되고 중간에 마가 떠도 된다. (빈틈이 생기거나 말이 끊어진 상태라는 뜻으로 방송용어로 많이 쓴다) 때로는 말의 속도가 생각을 못 쫓아갈 때는 단어나 구절의 형태로 급하게라도 뱉어도 좋다. 그리고 나서 시간적 여유가 있을 때 마음의 여유가 있을 때 정리해서 글로 옮겨보자. 어느새 글쓰기의 부담 때문에 미뤄두었던 게 진전이 있음을 확인할 수 있을 거다.

때로는 덕분에 글을 잘 모르거나 글쓰기에 거부감이 큰 사람들에게도 이 방법을 사용할 수 있다. 특히 한글을 잘 모르시는 어르신들이나 방언이 심해 걸러서 전달해줄 이가 필요하다면 더욱 효과적이다.

얼마 전 흥미로운 책 한 권을 발견했다. 《할망은 희망》이라는 제주도 할머니들을 인터뷰한 서적이었다. 제주도 방언이 심하다는 건 널리 알려진 사실이다. 젊은 세대야 다양한 경로를 통해 표준어를 접하고 교육과정을 통해 표준어에 익숙한 편이지만 나이가 지긋하신 어르신들은 그렇지 못하다. 나 역시도 제주도 여행 중에 버스를 한 번 탔다가 로컬피플(?)의 대화를 우연히 들을 기회가 생겼는데 역시나 하나도 알아듣지 못했다. 안면이 있는 사이로 보이는 기사님과 할머니 간의 짧고도 아주 일상적인 이야기인데 그것도 한국말인데 이해하지 못하다니 참으로 당혹스러웠다. 그런데 제주도에 사는 작가분이 제주도 할머니들의 이야기를 듣고 그걸 글로 옮긴 책이라니. 아마도 제주도 할망들은 자신의 삶이 책이 될 수 있다고 생각하지 못했을 거다. 그저 손주에게 옛날이야기 들려주듯 말을 시작했을 테니까. 하지만 그걸 글자로 옮기니 글이 되었고 그게 엮여 한 권의 책이 되었다.

그런 점에서 본다면 인터뷰도 글이나 마찬가지라고 생각한다. 질문을 던지고 답변을 듣고 그걸 정리해서 글자로만 옮기면 독자들이 읽어볼 수 있는 한 편의 글이 된다. 다만 인터뷰이는 자기가 한 말을 직접 옮기지 않으니까 그게 글이라는 걸 실감하지 못할 테지만 인터뷰어면서 기자라면 그걸 아마 잘 알고 있을 거다. 말 자체가 바로 글이나 다름없다는 걸.

그래서 때로는 자서전이 셀프 인터뷰를 통해 생겨나기도 한다. 자신의 삶을 정리해보고 싶지만 어디서부터 시작해야 할지 모른다면, 또한 두서가 없어 글로서는 많이 미흡하다는 생각이 든다면, 틈날 때마다 내가 슬펐던 때는 언제인지 내 인생에서 가장 행복했던 때는 언제였는지 종말이 온다면 만나보고 싶은 단 한 사람은 누구인지 스스로 질문을 던져 생각해보고 대답을 녹음하며 조금씩 완성할 수 있다.

평소에 낯 뜨거워 깊은 대화의 시간을 가질 수 없었던 가족을 대상으로 시도해봐도 괜찮겠다. 정식으로 질문지를 만들 필요까지는 없다. 그저 자리를 마련하고 허심탄회하게 마음속에 품어왔던 고민을 나누거나 퍼즐을 맞추듯 옛 추억을 이야기하면 될 것이다. 이건 아마 녹음을 하거나 필기를 하지 않아도 비교적 정확하게 또 오래도록 기억에 남을 거다. 이를 추후 정리를 해서 함께 읽어보면 어떨까? 그 어떤 기록물보다 값진 작품이 되어줄 거다.

• 참고서적 : 《할망은 희망》
• 참고영화 : 〈스토닝〉

글은 어렵지 않다.
세련된 옷을 입은 말이나 다름없다.
글을 쓸 기운조차 없다면
마음의 여유조차 없다면
녹음기를 켜고 쓰고 싶은 말을 해보자.
여유가 생기면 그때 옮겨도 괜찮다. 그게 바로 글이 된다.

직 장 그 만 두 지 않 고 작 가 되 기

요즘 나는 일주일에 한 번 '디지털 디톡스'를 하고 있다. 하루를 정해 모든 전자기기를 끄고 생활한다. 물론 직접 해보지 않고 인터넷을 통해 뉴스를 검색해 보거나 그렇게 살아가는 사람들을 만나 인터뷰를 하거나 쫓아다니며 지켜보는 방법도 있지만 직접 경험을 해보지 않으면 가장 생생한 디테일이 나오지 않는다는 게 나의 생각이다.

그렇다고 해서 간접체험을 무시하려는 건 아니다. 시간과 공간 이동의 제약이 큰 일상에서 갑자기 사막 마라톤을 경험해보고 싶다고 회사를 그만둘 수만은 없는 것 아닌가? 그럴 경우에는 다른 소스를 통해 글을 쓰는 밑작업을 하면 되겠지만 만약 가능하다면 나는 체험이야 말로 글을 잘 쓸 수 있는 비결이라고 생각한다. 또한 그 과정을 통해 개인적으로 느끼는 바도커서 그게 글쓰기뿐만 아니라 삶의 태도에도 영향을 미칠 가능성이 크다. 그야말로 글을 쓰기 위해 경험을 하고 그게 다시 나의 일상에 영향을 미치는 선순환이 이루어지는 것이다. 나 역시도 그 유명한 헬렌 니어링과 스콧 니어링의 《조화로운 삶》이나 호숫가의 삶을 다룬 《월든》과 같은 서적을 통해 자연주의적 태도를 배울 수도 있지만 직접 경험해보고 싶었다. 하지만 그렇다고 해서 갑자기 도시를 떠나 시골로 이사를 가거나 호숫가에 집을 지어볼 여력은 없어 주어진 조건과 한계 안에서 내가 할 수 있는 방식을 찾아 노력중이다.

지금 '디지털 디톡스'를 한 지 7개월 차에 접어들었다. (책이 나오는 시점에는 끝났거나 아니면 다른 형태로 변주를 해서 이어가고 있을 거다) 모든 체험이 그렇겠지만 잠깐 맛보는 것으로는 그 실체를 정확하게 파악했다고 말하기는 힘들다. 그러니 머무는 여행을 하는 사람들은 적어도 한 달은 있어봐야 한다고 하지 않는가. 물론 인류학자들은 몇십 년을 관찰하고 함께 생활하며 연구하기도 하지만 그 정도까지는 불가능하기도 하고 글의 성격에 따라 필요치 않을 수 있다. 흥미로운 주제를 찾아 직접 경험하고 글로 승화시키는 데는 반년에서 1년이면 적당한 것 같다. 그게 아니라면 3개월도 나쁘지 않을 것이다.

경험은 거짓말을 하지 않는다. 누군가에게 들은 정보라면 때로는 잘못된 것이 전달될 수도 있지만 내가 직접 겪은 것이라면 몸에 이미 체득되어 있어 틀릴 일이 거의 없다. 그런 점에서는 경험을 바탕으로 사회에 메시지를 던지는 일명 '르포르타주' 라는 장르를 너무나도 사랑한다. 객관적인 사실과 주관적인 느낌이 어우러져 문학작품으로써 다양한 재미를 선사할 수 있기 때문이다. 그렇기에 나는 앞으로도 르포에 계속 도전하고 싶다. 물론 여기에는 약간의 허구나 설정변경을 통해 픽션의 효과도 노려볼 수 있다. 르포 같은 소설, 소설 같은 르포, 그 어떤 것이든 상관없다. 그 아슬아슬한 경계를 넘나들며 글쓰기를 통해 나의 변화와 독자의 재미 그리고 사회적 메시지를 동시에 추구하고 싶다.

덕분에 요즘 들어서는 몸으로 직접 부딪치고 경험하는 일들을 더욱 더 적극적으로 찾아서 하고 있다. 사실 나는 저질체력에 가깝다. 앉아서 머리를 쓰는 일이 좀 더 편하게 느껴질 정도다. 그러다 보니 내가 뭔가 중요한 걸 놓치고 있다는 생각이 들었다. 가끔 평소보다 좀 더 우울해질 때는 마치 입으로만 나불대는 것 같아 내 자신이 한심하게 느껴지기도 했다. 그래서 용기를 냈다. 인터뷰와 강의가 적어지는 시기에 아예 스케줄을 쫙 비워놓고 도전해보기로 한 거다.

처음에 했던 건 전단지 나눠주기였다. 수능이 끝나고 한 게 마지막이니 벌써 십 년도 훨씬 전 일이었다. 학교 앞에서 홍보물을 나눠주고 있자니 처음에는 창피했다. 마스크를 써볼까 생각도 했지만 그건 좀 지나친 것 같아 머플러를 끌어올려 코까지 가렸다. 하지만 생각 외였다. 한 시간 남짓한 시간 동안 아이들이 몰려드는 건 불과 20분 여에 불과했다. 창피할 틈도 없이 여기저기서 마구 튀어나오는 학생들의 손에 홍보물을 들려주느라 혼이 쏙 빠졌다. 그 후에는 길거리에서 부채를 나눠주기도 했다. 학교 앞 보다 어쩌면 수월할 거라 생각했는데 그렇지 않았다. 땡볕에 자리를 옮겨가며 일을 하다 보니 금방 피곤해졌다. 방바닥에 몸을 대자마자 잠에 빠져들어 코까지 골 정도로.

그 다음으로는 페인트칠에 도전했다. 사실 이건 돈을 받고 한 게 아니라 돈을 아끼기 위해 반 강제적으로 시작한 거다. 처음에는 나 혼자서만 하게 될 줄은 몰랐다. 16평 아파트 곳곳에 있는 고동색 몰딩을 하얗게 칠하게 된 건데 나중에는 살려달라고 할 정도였다. 무엇보다 장비가 갖춰져 있지 않아 번거로

움을 감수해야 했다. 작업벤치 하나면 금방 할 일을 그게 없어 조금 칠하고 내려와서 의자를 옮기고 또 조금 칠하고 의자를 옮겨야 했다. 근육통이 심해 약을 사다 먹었는데 어느 날 신기한 일이 벌어졌다.

눈만 뜨면 페인트칠이 하고 싶어지는 거다. 그리고 처음보다는 덜 힘들었다. 어느 순간에는 새벽에도 몰딩칠이 하고 싶어 달려가고 싶은 걸 참느라 고생했다. 경험을 하기 전에는 그 힘든 걸 왜 할까 싶었다. 하지만 다 하고 나서 알았다. 페인트칠은 의외로 캔버스에 색칠하는 것과 비슷하다는 걸. 다른 게 있다면 조금 더 큰 붓을 가지고 한다는 것. 그리고 가장 보람찬 순간은 다 끝났을 때가 아니라 조금씩 변해가는 모습이 눈에 들어올 때라는 것.

만약 직접 해보지 않았으면 그 사실을 알았을까? 몰랐을 거라고 장담한다.

경험,
위대한 글의
시작

옛말에 쓸모없는 경험은 없다고 했다. 어릴 때는 그 말이 틀렸다고 생각했다. 맞지 않는 전공을 선택해 4년을 넘게 고생하고 나니 쓸모없는 경험도 있다고 확신하게 되었다. 하지만 그 후에 알았다. 그게 증명되기까지는 꽤 오랜 세월이 걸리며 그게 언제인지 알 수 없기 때문에 근시안적인 태도에서 오판했다는 것을. 그래서 어릴수록 많은 걸 경험해보라고 어른들은 권유한다. 그 이유는 간단하다. 커서는 뭔가를 시도하기에는 시간이나 체력적인 여유가 충분하지 않기 때문이다. 그 뿐인가? 직장에서 오랫동안 자리를 비울 수 없는 탓에 공간적인 제약도 있다. 그렇다면 어른들에게는 특별한 경험을 통해 새로운 글쓰기를 할 기회가 영영 없는 것인가?

결론만 간단히 말해, 그렇지 않다. 제약은 있겠지만 가능은 하다. 그래서 나는 그러한 체험을 일상 속에 가져와야 한다고 생각한다. 그래야 장기간 무리 없이 이어나갈 수 있을 테니까.

또한 오히려 직업을 가지고 있다는 점이 장점이 되기도 한다고 생각한다. SBS의 '생활의 달인' 이라는 프로그램을 예로 들어보겠다. 오랜 시간 그 일을 해온 사람이 자연스럽게 몸으로 터득한 장인정신을 보여주는데 그럴 경우 그 분야에서는 이미 충분한 경험을 한 터라 이걸 보여주는 대신에 글로도 옮길 수 있다. 그리고 그건 정말 생생한 르포가 되어줄 거다. 물론 거기에는 사회적인 메시지도 함께 담겨야 하겠지만 내가 그 경험을 통해 쓴맛단맛짠맛을 모두 보았다면 일부러 노력하지 않아도 그러한 내용이 자연스럽게 담기게 될 것이다.

그렇기 때문에 만약 체험을 통해 뭔가를 깊게 배우고 관찰하고 느낀다면 내가 원치 않아도 위대한 글쓰기를 할 수 있게 될 가능성이 높아진다. 이러한 글의 장르를 우리는 흔히 '르포르타주' 줄여서는 르포라고 흔히 부르는데, 사실 예전에는 정치적인 글들이 주를 이뤘다. 그래서 르포라고 하면 사람들은 무겁고 딱딱하고 어렵다고 재미가 없다고 생각하지만 요즘은 많이 변했다. 누구나 한 번쯤 해봤을 경험을 심화시켜 깊이가 있는 글을 써내기도 하고 아주 작은 관심사를 발전시켜 누구도 생각지 못했던 화두를 던지기도 한다.

그 대표적인 예를 몇 가지 들어보려 한다. 책《봉고차 월든》은 학자금 대출이 빚이라는 사실을 깨닫고 그 길로 일을 해서 갚으려고 알래스카로 떠난 청년의 이야기를 담고 있다. 자연을 가까이서 접하면서 문명의 야만성을 배웠고 오히려 편리한 삶 속에서 선택지를 뺏겨왔다는 걸 깨닫는다. 돌아와서는 빚을 지고 살지 않겠다는 신념으로 집을 빌리는 대신 중고 봉고차 한 대를 사서 거기서 먹고 자며 대학원 과정을 마무리한다. '학자금대출'은 대학에 진학한 이들에게는 흔한 소재이지만 그걸 빚이라고 깨닫기는 힘들다. 저리로 빌려 졸업 후에 갚으면 되는 장학금이라고만 생각한다. 저자는 누구도 생각하지 못했던 화두를 평범한 경험을 통해 던지고 이를 발전시켜 소비를 최대한 줄이는 좀 더 깊이 있는 시도를 한다.

때로는 내가 살아온 그 자체가 특별한 경험이 되어 르포로 완성되기도 한다. 책《힐빌리의 노래》는 일명 '러스트벨트'라고 불리는 미국의 쇠락한 공업지대에서 나고 자란 저자가 그 실상을 낱낱이 파헤친 내용이다. 대부분은 학업을 이어갈 금전적인 여유가 없어 그 실태를 글이라는 형태로 남기지 못해 외부에 알리지 못했지만 스스로를 운이 좋다고 여기는 작가는 다행히 교육과정을 끝까지 마쳐 글쓰기를 통해 누구보다 생생하고 날카로운 입체적인 관점이 엿보이는 글을 완성했다. 덕분에 관찰자의 시점에서 바라본 것과는 다른 분석과 통찰이 담겨 흥미롭다. 이 책이 우리에게 가장 크게 시사하는 바는 일부러 하려고 하지 않았지만 환경적 요인 때문에 하게 된 체험이 글쓰기를 통해 사회에 기여하는 메시지로 발전하게 된다는 점이다.

그러니 이미 나도 모르게 그러한 경험이 있을 수 있다. 그것에는 크고 작음이 없다. 어떤 것이든 상관없다. 외국에서 오랫동안 혼자 살아본 경험이 있다면 막연히 해외연수나 유학에 대한 환상을 가지고 있는 사람들에게 종합적인 시각에서 전달할 이야기가 충분히 있을 수 있다. 어릴 때부터 베란다에서 줄곧 상자텃밭을 가꿔왔다면 그것을 통해 도시농부로서의 생생한 이야기를 전달할 수 있고 거기에 시사하는 바가 더해지면 위대한 글쓰기가 될 수 있다고 믿는다.

우리가 살아오면서 아니면 앞으로 살아가면서 선택하지 않았든 선택했든 체험한 것들은 모두 글쓰기 재료가 된다. 아니 이미 그것은 내 안에서 발아하지 않은 글의 씨앗으로 자리하고 있다.

* 앞서 언급한 작품들 중 일부는 르포르타주로 분류하지 않기도 하지만 경험에 입각해 사실과 객관적인 정보를 다룸과 동시에 사회적인 메시지가 함께 담겨 있다는 점에서 '르포'로 칭했다.

참고서적

• 《조화로운 삶》
• 《월든》
• 《봉고차 월든》
• 《힐빌리의 노래》
• 《희박한 공기 속으로》

어떤 경험이든 심도 있고 장기간 직접 겪은 것이라면
위대한 글이 될 수 있다.
거기에 메시지가 더해지면 르포가 되고
허구를 섞거나 변주를 가한다면 소설이 될 수도 있다.
그러니 특별하든 사소하든 상관없다.
내가 체험한 것들을 떠올리거나
앞으로 체험해보고 싶은 것들을 생각해보자.
그건 곧 글이 될 것이다.

: 경험, 위대한 글의 시작 :

1. 평소 오랫동안 해왔던 것들을 적어보세요. 아주 사소한 것이라도 괜찮습
니다. 취미나 직업처럼 무의식중에 해왔던 것들도 상관없어요.
ex) 장녀로서 30년을 살아왔다. 언니로서의 삶은 누구보다 잘 안다고 생각
한다.

....

....

....

....

....

2. 그 중에 특별히 나의 관심을 끄는 경험이 있을까요? 몇 가지를 골라 적어
보세요.

....

....

....

....

....

3. 만약 앞으로 해보고 싶은 체험이 있다면 어떤 게 있을까요? 최소 한 달 이상 꾸준히 해보고 싶은 걸 적어보세요.

ex) 에코라이프, 비전화 체험 등

4. 그 중에서 현실적으로 가능한 건 무엇이 있을까요? 만약 그 어떤 것도 불가능하다면 어떤 방식으로 가능하게 만들 수 있을까요?

ex) 주말에는 에코라이프. 한 달에 한 번 비전화 체험

많은 분들이 나의 첫 책이 《결혼, 300만 원이면 충분해요》인 줄 안다. 사실 그 전에 한 작품이 더 있었다. (작품이라고 부르기도 민망하지만 어쨌든) 지금의 독립출판의 형태에 가까운 POD출판으로 소설책을 낸 것이다. 원래는 픽션의 형태로 쓰인 걸 기사로 송고하여 발행했으나 큰 반향은 없었고 평균 조회수는 1,000회 안팎이었던 것으로 기억한다.

어느 날, 이게 제법 꼭지가 모였으니 한 권으로 엮어봐도 좋겠다는 생각이 들었다. 게다가 '취업준비생'을 소재로 했으니 뭔가 시사하는 바도 있을 거라고 판단했다. 하지만 기획출판으로 내기에는 분량이 적고 이미 기사로 송고되어 원고료는 받은 상태라 정식출간은 어려워 보였다. 결국 여러 가지를 생각해보다 당시에는 생소한 개념의 POD출판을 해보기로 했다. 주문이 들어오면 한 권씩 인쇄를 하는 시스템이라 배본계약을 따로 맺을 필요도 없고 인쇄비도 들지 않았다. 그저 본문편집과 표지디자인만 할 수 있다면 0원으로 책을 낼 수 있었다. 그래서 명예기자로 같이 활동한 지인에게 부탁을 했고 선뜻 표지를 만들어줬다. 본문디자인은 아마추어인 내가 하기는 힘들 것 같아 원래 그 상태로 내버려두고 최종원고를 넘겼다.

그리고 드디어 내 책이 세상에 첫 선을 보였다. 지금은 절판되어 찾아볼 수 없지만 《엘라에게: 취업 준비생의 편지》라는 이름으로 등록이 되었고 지인들이 구매해 읽어주었다. 하지만 주문이 들어올 때마다 인쇄가 되어 배송이 되는 시스템인 터라 직접 받아보기까지 꽤 오랜 시간이 걸려 항의를 받을 때도 있었다. 일주일에서 늦게는 보름가까이 기다리기도 했단다. 아무튼 책장에 기념으로 꽂혀 있는 나의 어설픈 진짜 첫 책을 볼 때마다 참 기분이 묘하다.

없는 시간을 쪼개서 글을 쓰고 디자이너와 머리를 맞대고 직접 책을 만드는 전 과정에 관여하는 체험을 했다는 게 대견하기도 하고 또 어설픈 내용과 본문디자인을 보다 보면 창피하기도 하다. 하지만 이 과정을 통해 느낀 점이 몇 가지 있다.

《엘라에게: 취업 준비생의 편지》는 자료조사와 직접 경험을 바탕으로 쓴 소설이다. 당시 취준생이 졸업을 유예하고 9학기를 다니거나 1년이라는 시간을 취업준비기간으로 쓴다는 게 사회적으로 이슈가 되었다. 그래서 나는 이 글이 기사로도 가치가 있을 것으로 생각하고 송고하였으나 독자들의 반응은 영 미적지근했다. 그러다가 새로 생긴 플랫폼에 한 편씩 글을 올리고 잊어버리고 있었는데 어느 날, 자는데 새벽에 계속 일정한 간격으로 알람이 울렸다. 이상해서 확인해보려다가 귀찮기도 하고 졸리기도 해서 다시 잠이 들었는데 알고 보니 내 글이

메인에 걸린 것이었다. 확인해보니 정말 조회수가 어마어마
했다. 제일 반응이 좋았던 편은 2만 5천 가까이 기록하기도 했
다. 그 후로도 꾸준히 관심과 사랑을 받았고 댓글이 달리기까
지 했다.

분명 같은 콘텐츠인데 어떤 플랫폼에 올리느냐에 따라 다른
결과가 나올 수 있다는 걸 이 경험을 통해 배웠다. 만약 처음
에 반응이 없어 글을 내렸다면 어땠을까? 아마 나는 글쓰기의
동력을 잃었을지도 모른다.

알맞은
플랫폼을
찾아가라

요즘에는 나의 글을 선보이는 방식이 크게 두 가지로 나뉘는 듯하다. 하나는 온라인을 통한 연재 또 다른 하나는 출판이다. 그 중에서 먼저 이야기하고 싶은 건 바로 온라인 플랫폼이다. 프로가 아닌 일반인이 글을 올릴 수 있는 곳은 블로그, 브런치, 오마이뉴스, SNS 사이트인 페이스북과 인스타그램 정도라고 볼 수 있다.

블로그는 가장 대중적인 매체다. 검색을 통해 글이 노출되기 때문에 가장 알려지기 쉽고 가장 이용자 수가 많은 편이다. 하지만 이를 거꾸로 생각해보면 그만큼 경쟁자가 많다는 뜻이기도 하다. 열심히 글을 써보지만 조회수가 한 자리 수라든지 아니면 뒤로 가기를 몇 페이지나 눌러도 내 글이 나오지 않는 경우가 허다하다. 그리고 또한 블로그만의 글쓰기 스타일이 있다. 몇 년 전까지만 해도 적당한 짤과 이모티콘 그리고 친근한 말투가 필요했다. 지금은 많이 변했지만 그런 스타일에 맞지 않는 사람들에게는 사용하기 어려울 수 있다.

그 다음으로 생각해볼 수 있는 건 (주)카카오에서 운영하고 있는 '브런치' 라는 앱이다. 다음이라는 포털 사이트를 통해 내 글이 검색되기도 하고 운이 좋거나 반응이 좋으면 메인화면에 걸리기도 한다. 또한 매년 '브런치북 공모전' 을 통해 연재한 글을 심사해 출판사와 연계해 실제 출간까지 지원하기도 한다. 실제로 이를 통해 데뷔한 작가들도 꽤 많다.

하지만 브런치에는 아무나 글을 쓸 수 없다. 일단 작가지원을 해서 승인을 받아야 한다. 기준이 높은 편은 아니지만 기존에 썼던 글을 포트폴리오 삼아 지원을 해야 하기 때문에 완전히 처음으로 글쓰기 하는 사람들보다는 몇 편 안 되더라도 끼적여본 글이 있는 이들에게 유리하다.

그렇게 승인을 받고 나면 자유롭게 연재를 할 수 있다. 나의 첫 책도 두 번째 책도 브런치 연재를 통해 원고를 완성했다. 그리고 어느 정도의 반응을 얻어 이를 바탕으로 출판사와 계약을 진행하게 되었고 2017년과 2019년에 각각 《결혼, 300만 원이면 충분해요》와 《반려견과 산책하는 소소한 행복일기》라는 제목으로 출간되었다.

그 다음으로 추천해주고 싶은 플랫폼은 바로 '오마이뉴스' 다. 사실 이 사이트는 언론사로, 기사 형태의 글을 주로 싣는다. 하지만 내가 시민기자로 약 4년간 활동하며 송고한 원고들은 기존의 기사와는 형태가 좀 다르거나 개인적인 이야기를 담은 생활글에 가까운 내용들이 많았다. 그럼에도 불구하고 편집부에서는 그것이 사회에 시사하는 바만 담고 있다면 넓은 마음으로 용인해줬다.

실제로 오마이뉴스를 통해 무협소설을 연재하는 분도 계실 정도로 생각보다 다양한 글을 선보일 수 있는 곳이다. 무엇보다 회원가입만 하면 기사를 송고할 수 있다. 단, 그걸 채택할지 말지는 편집부에서 결정한다. 이 과정에서 정식기사로 뽑히지 않는다고 할지라도 피드백을 요청할 수 있고 이를 통해 나는 부족한 점을 보완해 다시 수정 후 송고해 정식기사로 채택이 되기도 했다.

이 과정을 거치면서 객관적으로 나의 글을 보게 되었고 원고료까지 받으면서 귀한 조언을 얻을 수 있었다. 기사를 써보지 않았어도 사회에 던지는 메시지가 담겨 있는 글이라면 이 플랫폼을 통해 도전해보면 좋을 듯하다.

마지막으로는 요즘에 가장 트렌디한 플랫폼이기도 한 SNS가 있다. 처음 내가 '직장 그만두지 않고 작가되기' 라는 타이틀로 강의를 시작했을 때만 해도 사람들은 페이스북을 가장 많이 사용했다. 그 이유는 '좋아요' 를 통해서 불특정다수에게 글이 널리 확산되고 또 페이지라는 기능을 이용해 나의 이야기를 연재할 수 있는 독자적인 홈페이지를 구축할 수 있었기 때문이었다. 이를 통해서 많은 SNS 시인들이 데뷔작을 출간하기도 했다. 하상욱 작가의 《서울 시》라든지 이환천 작가의 《이환천의 문학살롱》 등이 이에 해당된다. 또한 여행기를 실시간으로 연재하며 사랑받아 이를 발판으로 출간을 하거나 전업작가가 된 예들도 상당히 많다. 그 중에서도 《악당은 아니지만 지구정복》이라는 단행본으로 널리 알려진 안시내 여행작가가 있다.

하지만 시간이 흘러 점차 중심이 인스타그램으로 넘어가고 있는 추세다. 다만, 인스타그램의 경우 사진을 필수로 올려야 하고 긴 글의 문단 바꾸기가 용이하지 않은 데다가 확산이 어려워 글쓰기에 최적화되어 있는 플랫폼은 아니다. 하지만 많은 사용자들이 주목하고 사용하는 만큼 페이스북과 인스타그램의 장단점을 이해하고 영리하게 사용한다면 내 글을 선보이는 데 부족함이 없을 것이다.

가장 좋은 방법은 각각의 특성을 알고 나에게 혹은 나의 글에 가장 적합한 플랫폼을 이용하는 것이다. 그래야 시행착오도 막고 시간낭비도 줄일 수 있다. 과거 내가 브런치와 페이스북을 기반으로 글을 연재하고 알려왔다면 현재는 인스타그램과 브런치를 통해서 집필을 이어가고 있다. 온라인 플랫폼은 오프라인과는 다르게 변화의 속도가 빠른 편이다. 그러니 그런 흐름을 잘 보면서 이용한다면 나의 글이 묻히지 않고 올바르게 독자들에게 전달될 수 있을 것이다.

참고서적

• 《서울 시》
• 《이환천의 문학살롱》
• 《악당은 아니지만 지구정복》

: 알맞은 플랫폼을 찾아가라 :

1. 나의 글에 맞는 플랫폼은 어디라고 생각하나요? 그리고 그 이유는 무엇인
가요?
ex) 브런치: 말랑말랑 에세이를 주로 쓰는 편이라 / 블로그: 리뷰 위주로 작
성을 하고 있고 에세이의 경우에도 정보성이 강해서 등

2. SNS 플랫폼은 어디를 이용하고 있나요? 만약 사용하고 있지 않다면 어떤 플랫폼이 잘 맞을 것 같은가요?

ex) 인스타그램: 주로 하루의 짧은 단상을 올리기에 용이해서 / 페이스북: 호흡이 긴 글을 좋아하고 공유를 통해 읽혀지길 원해서

3. 온라인 연재를 통해 선보이고 싶은 글이나 선보이고 있는 글이 있다면 소개해주세요.

ex) 인스타그램을 통해 연애이야기를 쓰고 있다 / 블로그를 통해 서평을 길게 작성해보고 싶다 / 브런치를 통해서 단행본 한 권 분량의 여행기를 써보고 싶다

직장 그만두지 않고 작가되기

맺음말

.

.

2013년 9월 14일.

지금으로부터 6년 전 한 커뮤니티에 나는 이런 글을 남겼다.

글쓰기에 대해서 여쭙고싶네요...ㅜㅜ

저는 작가는 아니구요^^

아마추어로 그냥 시간을 내서 조금씩 글을 쓰는 직장인입니다.

이것저것 쓰는데 소설을 주로 쓰고 근데

제가 글을 왜 쓰는지는 사실 잘 모르겠어요...

어느 순간 쓰게 된건데 그걸 버릇으로 만드는데 그래도 1년정도

걸린 것 같아요.

그런데 전공자도 아니고 신춘문예의 꿈도 없다보니까

계속 글을 쓰는 것에 대한 막막함이 있습니다.

우선 글을 오래는 못쓰는데요.

빨리는 쓰는 것 같은데 매일매일 30분씩 하루에 적어도 A4분량
으로 3장씩을 쓰고 있어요.

근데 더 오래는 못씁니다.

회사를 안 가거나 쉬는 날에는 1시간정도 약 A4분량으로 5장까
지는 쓰는 것 같네요.

글을 쓰기 전까지는 쓰고싶지 않다가도 막상 쓰면 쓸때는 재밌
는 것 같아요.

근데 '유혹하는 글쓰기'의 스티븐킹은 재미를 느끼고 작가가 될
사람은 누가 시키지 않아도 글을 쓰고

재능이 있건없건 항상 글을 쓰고 싶을 정도로 몰입하게 된다고
하는데 ㅠㅠ

누구는 하루에 3시간씩 아니면 10시간도 쓰는 사람이 있다는
데...

저는 글쓰기에 저항이 심한 건지.

다른 걸 해야 하는 건지.

 한 편의 소설을 써도 읽어줄 사람도 평가받을 사람도 없다는게

어쩔때는 허무한 것 같아요.

머릿속에 떠오르는 이야기를 그냥 흘릴 수 없어 쓰게 된건데

흠... 글을 배운 적도 글을 쓰는 사람도 주위에 없어 이게 자연스

러운 현상인지

익숙해지려면 몇 년은 걸리는건지

다른 취미를 찾아봐야하는건지

너무 막막합니다.

 조언부탁드려요... ㅠㅠ

맞춤법도 엉망이고 띄어쓰기도 엉망인 이 글을 아주 오랫동안

잊고 있었다. 실은 이 책을 준비하면서 오랜만에 해당 커뮤니

티에 들어갔다가 우연히 발견한 것이다.

'내가 이럴 때가 있었지.'

문장마다 왜 이렇게 울음표시를 많이 달아놨는지 창피하기도 하지만 그만큼 나는 혼란스럽고 외롭고 두려운 상태였다. 글에 써둔 대로 아는 사람들 중에 글을 쓰는 사람이 거의 없는데 그 중에서도 직장을 다니며 글을 쓰는 사람은 더더욱 없는데 도대체 누구에게 물어봐야 할지 몰라 막막했다.

다행히 다시 확인해보니 아홉 분이 댓글을 달아주셨다. 어떤 분은 내 상황에 공감한다고 또 어떤 분은 칭찬을 해주기도 다른 분은 연재플랫폼을 추천해주기도 하셨다.

말이 씨가 된다고 그 후로 가늘고 길게 글쓰기를 멈추지 않은 나는 예상치도 못하게 기자 겸 작가가 되었다. 그때 댓글을 달아주신 분들은 어떻게 지내고 계실까?

어쩌면 이 책은 그동안 당신의 진심어린 조언으로 멈추지 않고 글을 쓸 수 있었다는 반증 같은 것이라는 생각도 든다.

고맙습니다.
저, 아직도 쓰고 있습니다.

에필로그

.

.

지금에서야 내가 왜 글을 쓰고 싶었는지 알 것 같지만 처음에
는 그 이유를 전혀 몰랐다. 덕분에 참 많이 막막했다. 그 흔한
글쓰는 선배나 책을 좋아하는 친구도 없었다. 그래서 작가와
의 대화를 찾아다니기 시작했다. 아직도 기억나는 건 그때 참
석했던 한 북토크에서 시인분이 이야기를 하시다가 갑자기 울
기 시작하시는 거다. 마음 속에 어떤 고민을 가지고 있는지 너
무나 잘 알고 있다는 듯한 모습에 더 이상 이유를 찾으려 하지
말자고 그냥 쓰자고 마음을 먹었다. 글을 쓰고 싶어 하는 사
람을 위해 울어주는 한 사람만 있으면 된 거라고. 그게 충분한
답이 된다고 생각했다.

사실 이 책의 제목인 '직장 그만두지 않고 작가되기' 는 내가 전

직을 하면서 시작한 동명의 강의에서 따온 것이다. 지금 생각
해보면 무식해서 참 용감했다는 생각이 든다. 물론 내가 겪은
시행착오를 다른 사람들이 똑같이 겪지 말았으면 하는 바람에
서 시작한 일이기도 했지만 말이다. 그렇게 삼사 년 정도 진행
하면서 많은 사람들을 만났고 틈틈이 내용을 기록해두었다.
하지만 자신이 없었다. 원고는 진즉 썼지만 내가 감히 글쓰기
에 대한 책을 낸다는 게 엄두가 나질 않았다. 해가 거듭될수록
그 마음은 점점 더 커졌다.

망설임에는 한 가지 이유가 더 있었다. 원래 격식을 차리거나
건조하게 글을 쓰는 걸 잘 하지 못했다. 자꾸만 장난을 치고
싶고 더 사적인 이야기를 들려주고 싶고 반말과 존댓말을 섞
고 싶고 자유롭게 쓰고 싶었다. 하지만 쓰기에 대한 책이라 아
무래도 자기계발서에 가까우니 꼭 끼는 불편하기 짝이 없는
수트를 입은 것 같았고 써놓고도 내 것 같지 않은 느낌이 들었
다. 그러던 중 편집장님이 먼저 채근을 하시며 출간제안을 하
셨다.

"자유롭게 써 봐요. 꼭 딱딱하게만 쓸 필요가 있어요?"

"그래도 좀…"

"괜찮아요."

"유명작가도 아닌 제가 이런 책을 쓴다는 것도 좀…"

"괜찮아요."

"다른 작가분들이 주제 넘는다고 생각하실까봐 좀…"

"괜찮아요."

편집장님의 답은 이미 정해져 있었다. 그때부터 편하게 쓰기 시작했다. 물론 처음부터 다시.

수많은 글쓰기책들이 존재하는데 왜 내 책이 또 나와야 할까?

사람들이 왜 내 책을 읽어야 할까?

독자들에게 내 책이 필요하기나 할까?

몇 번이고 쓰면서도 되물어봤는데 답은 의외로 명료했다. 글과 거리가 멀었던 직장인이었던 내가 겪은 온갖 시행착오와 쌓아온 경험들이 퇴근 후 다시 출근하듯 글을 쓰는 이들에게 위로와 공감이 되어줄 수 있다는 것. 그 답을 떠올릴 때마다 자판 위를 서성거리던 손가락이 다시 빨라졌고, 마침내 이렇게 완성이 되었다.